KB096343

정혜신의

사람 공부

공부의
시 대

정혜신의

사람 공부

창비

책머리에

나의 삼십대 정신과 의사 시절은 아득한 안개 속이었다. 수련의 과정을 마치고 전문의가 된 이후의 시간이었음에도 그렇다. 오십대 중반인 지금 돌아봐도 아득하다.

정신과 전문의가 된 이후에도 나는 수년간 상담 슈퍼비전을 받았다. 상담 슈퍼비전이란 내가 했던 상담을 녹음한 자료를 토씨 하나 빼놓지 않고 풀어서(물론 내담자에게 사전에 허락을 받는다) 경험 많은 선배 정신과 의사에게 그 상담에 대한 구체적인 지도감독을 받는 시간이다. 모든 정신과 의사의 의무 과정은 아니지만 나는 오랜 세월 자청해서 그 과정을 거쳤다. 내가 하는 상담에 자신이 없어서였다. 내가 상담한 내용을 하나하나 복기하다보면 늘 내가 헛다리를 짚었다는 결론에 도달하곤 했다. '여기'가 아프다고 온 사람에게 '저기'를 가리키며 '저기'에 대해 얘기하자고 한 격이었다. 나란 사람은 얼마나 더 지도감독을 받아야 남의 견해에 의지하지 않고 홀로 상담을 할 수 있는 정신과 의사가 되는 것일까. 나 홀로 상담을 하고도 개운한 날은 얼마나 더 있어야 오는 걸까. 오기는 오는 걸까…… 직업적으로 나의 삼십대는 「무진기행」의 주인공처럼 안개 속 같은 시간이었다.

사십대가 되어서야 안개가 조금씩 걷히기 시작했다. 사람의 속마음 듣는 일을 병원 진료실이 아닌 다른 곳에서 하면서부터다. 구체적으로 그곳은 쾌적한 사무실이기도 했고 거리의 천막 안이기도 했고 사찰의 어느 골방이기도 했다. 장소는 상관없었다.

진료실이 아닌 공간에서 재벌 오너, 기업의 최고경영자와 임원, 정치인과 법조인처럼 우리 사회의 이른바 성공한 개인들과 속 깊은 상담을 했다. 동시에 고문피해자, 해고노동자, 집단 트라우마 피해자들처럼 우리 사회의 가장 낮은 곳에 위치할 수밖에 없는 이들과 눈을 맞추고 그들의 상처와 소외의 고통에 대해 들었다. 만나는 사람들의 스펙트럼이 넓어서 이질적인 풍경의 공존처럼 느껴질 수도 있었지만 나는 그들을 동시에 만나는 일이 불편하지 않았다. 오전에 재벌 회장을 만나 그의 속마음에 공감하고 저녁에 해고노동자를 만나 그의 눈물을 듣는 일이 이상하지 않았다. 전날 정치권력자의 병약한 부모님 문제에 대해 함께 고민하고 다음날 국가폭력 피해자의 절규에 귀기울이는 일이 이질적으로 느껴지지 않았다. 자기분열적 느낌도 없었다. 이유는 간단했다. 내가 만나는 이들이 모두가 하나의 개별적 존재들이라서 그랬다. 지금도 그때도 내겐 그게 다다. 내가 그들을 예전의 그 안개 같은 진료실에서 만났다면 어땠을까. 나도 그들도 조금 달랐을 것이다. 처음엔 조금 달랐을 그 차이가 시간이 가면서 매우 다른 결과를 가져왔을 것이다.

만나는 공간이 달라졌을 뿐인데 진료실을 벗어나면서 많은 변화가 시작됐다는 걸 나중에야 확연히 깨달았다. 진료실을 벗어나니 그곳이 어떤 공간이고 그곳이 그 안에 있는 사람에게 어떤 영향을 주었는지가 보이기 시작했다.

진료실은 철저하게 의사를 위한 공간이다. 의사의 업무인 진료를 최종 목적으로 삼는 공간이다. 그 목적에 철저하게 복무하는 공간이다. 극단적이고 역설적으로 말해 진료실은 환자를 위한 공간이 아니다. 그 공간에서 의사는 주인이고 갑이며 환자는 손님이고 을이다. 구체적인 지침이 없어도 그 공간에 들어서는 순간 그 안에 있는 사람 간에는 자동적으로 비대칭적 구도가 생겨난다. 그곳에서 사람을 만나는 한, 그 공기에 지배당하고 있는 동안에는 절대 보이지도 않고 감각하지도 못하는 것들이 그래서 생겨난다.

의사인 나를 중심으로 세팅된 공간, 나의 우월적 지위가 상대에게 강요되는 것이 당연하게 받아들여지는 공간에서 나는 자연스럽게 의학 지식으로 무장한 존재가 된다. 상대에 비해 의사인 나는 완전함에 가까운 존재가 되고 내가 가진 의학 지식은 환자에겐 생명수가 되는 것이다. 그러하리라는 사실을 믿어 의심치 않았다. 내가 그렇게까지 노골적으로 확신을 드러내지 않아도 진료실에 들어오는 사람이 먼저 '환자'가 되어 그런 심리적 구도를 인정하고 나를 그렇게 밀어올려주기도 한 것 같다. 나도 구태여 그 구도에서 벗어날 필요가 없었다. 내게 여러모로 유리하고 편했으니까. 진료실에서는 그런 비대칭적이고 비정상적인 사람과 사람 간의 관계가 시작된다.

모든 병원의 진료실이 다 그렇다고 단정할 수도 없고 그런 문제로 인해 진료실에서 행해지는 모든 치료가 결정적인 하자가 있다고 할 수도 없다. 정신과가 아닌 다른 과는 조금 다를 수도 있다. 예를 들어 외과 환자는 자기 의식까지도 의사에게 다 맡기고 마취당하는 것에 동의해야 살 수 있다. 치료에 관한 모든 걸 의사에게 위임해야 한다. 극단적인 비대칭적 관계지만 치료의 주도권을 의사가 100퍼센트 쥐고 있는 외과 수술이란 특수 상황에서는 그럴 수도 있다. 그러나 정신과 의사의 경우는 얘기가 전혀 다

르다. 마음의 병이라기보다 뇌의 질병에 가까운 몇몇 정신질환의 경우는 물론 예외지만 대부분의 심리적 문제의 시작은 한 인간을 개별적 존재로 인정하지 않는 비대칭적 관계의 결과물인 경우가 많다. 그래서 사람의 개별성을 전제하지 않는 정신과 진료실의 부주의한 공기는 이런 심리적 문제를 더 악화시킬 수 있다. 자칫하면 치명적일 만큼 치료과정 중에 절대적인 결함이 생기기도 한다.

의사라는 절대적 권위가 보장된 곳에서 나는 사람에 대한 입체적인 감각을 잃어가고 있었다. 정신과 진료실을 떠나고 한참 지나서야 그걸 알았다. 진료실에 있는 동안에는 사람에 대한 보다 근본적이고 입체적인 탐구에 게을러도 그닥 불안하지 않았던 것 같다. 정신의학 지식과 약물치료라는 강력한 무기가 있어서 그랬을 것이다.

상담도 잘하고 싶었고 어떤 사람의 핵심적인 문제를 빠르게 파악해서 그에게 도움을 주고도 싶었다. 내가 정신과 의사가 되고 싶었던 결정적 이유가 바로 그것이었다. 하지만 진료실에서의 비대칭적 구도와 지나치게 의료적이고 편향된 시선을 가지고 한 인간의 핵심에 제대로 접근하는 일은 불가능하다. 진료실의 환자는 의료적·병리적 존재이지만 동시에 철학적 존재이자 역사적 존재이기도 하다. 영적 존재이자 예술적 존재이고 물질적 존재이기도 하다. 하지만 현재의 정신과 진료실 구조 안에서 자신의 '환자'를 그렇게 인식하기란 매우 어렵다. 진료실 구조 안에 있을 때 나도 그랬다. 진료실은 내 의식과 인식을 제한했다. 물론 내담자도 제한당했을 것이다.

진료실 무용론을 주장하는 게 아니다. 진료실 안의 심리적 구도와 공기를 바꿔야만 그 안에 있는 의사나 환자도 도움을 받을 수 있다. 극단적일 정도로 진료실 문제를 거론하는 건 진료실을 떠난 후 내가 정신의학 방면의 직업인으로서 더 의미있는 일을 할 수 있었고 더 많은 사람에게 도움을 줄 수 있었다는 그간의 경험 때문이다. 진료실이 아닌 세팅에서 사람의 속마음을 만나면서 나는 삼십대의 안개에서 점차 벗어날 수 있었다. 더 섬세하고 더 과감한 상담도 가능해졌다. 그토록 원했던 상담 후의 개운

함도 얻을 수 있었다. 나도 그렇지만 내담자들이 느끼는 홀가분함도 예전보다 훨씬 더 커졌다고 피부로 느낀다. 누군가의 말처럼 나는 예전과 비교할 수 없을 만큼 훨씬 용한 의사가 된 것 같다. 재벌 회장이나 대통령 후보인 정치인을 만나서 그들의 고충을 들을 때, 고문생존자나 세월호 유가족을 만나서 촛농 눈물 같은 얘기를 들을 때 나는 무차별하다. 한 개별적 인간에게만 집중한다. 그런 순간 나는 예전 진료실의 의사였을 때보다 유능하다. 나와 상담한 이들의 변화와 반응을 보면서 그 사실을 순간순간 깨닫는다. 그런 점에서 그들과 진료실 밖 현장은 나의 스승이다. 그런 스승들로부터 사사받고 있고 그래서 지금도 성장하고 있다고 나는 느낀다.

이제 나는 더 따뜻하고 더 편안하고 더 수월하게 사람을 파악하고 이해할 수 있게 됐다. 그래서 정신과 후배들에게도 말하곤 한다. 진짜 실력을 키우려면 병원에 있지 말고 현장으로 나오라고. 흰 가운도 없고 전문가 아우라를 지켜주는 어떤 장치도 없는 곳에서 수평적인 관계의 개별적 인간들을 만날 수 있다면 그 순간 내 앞에 앉아 있는 이는 스승이 된다. 그런 과정을 통해 사람에 대해 얼마나 많은 깨달음과 통찰이 생기는지도 생생하게 실감할 수 있다.

내가 의사가 아니고 '사람'에 가까워질수록 의사로서의 실력은 폭발적으로 늘었다. '사람'이 될수록 탁월한 치유자는 절로 된다. 오랜 현장 치유자의 경험으로 가지게 된, 신념에 가까운 믿음이다. 나의 진짜 사람 공부는 그렇게 시작되었다. 그 공부는 지금도 계속되고 있다.

2016년 6월

정혜신

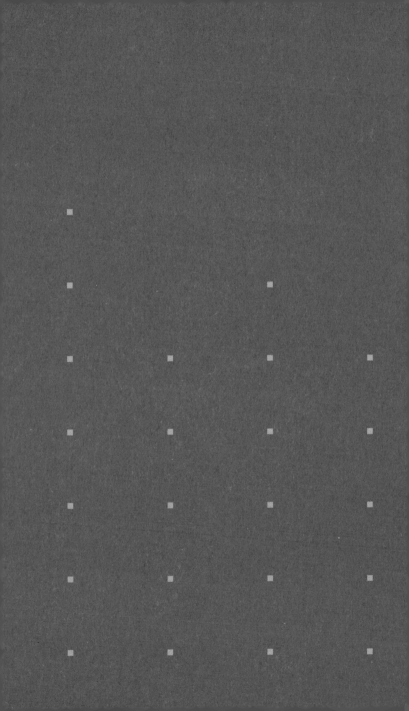

정혜신의

사람 공부

공부가
뭐길래

오늘 강연을 신청하신 분이 무척 많다고 들었습니다. 그 이야기를 듣고 생각이 좀 복잡해지더라고요. 어떤 마음으로 이렇게 많은 분들이 강연을 신청하셨을까. 저는 그게 '공부'라는 화두 때문이 아닌가 하는 생각이 듭니다. 제가 경기도 양평에 사는데, 시골인데도 곳곳에 있는 마을회관, 주민회관, 읍사무소, 청소년회관, 여성회관 등등 여러군데에서 거의 일년 열두달 내내 강연이 열립니다. 그러다보니 시골에 계신 어르신들도 강연을 듣는 데 익숙하신 것 같아요. 우리는 왜 이렇게 강연을 듣는 걸까, 왜 이렇게 공부를 하는 걸까, 강연을 듣고 그 목적하는 바를 다 이루었을까. 공부라는 화두에 이렇게 많은 분들이 강연을 신청하셨다는 얘기를 듣고 그런 여러가지 생각이 들었습니다.

60세쯤 되시는 한 아주머니가 그런 얘기를 하셨습니다. 어릴 때 가정형편 때문에 중학교밖에 졸업을 못 하신 분인데, 사시는 동네에서 자원봉사도 많이 하고 여러가지 활동을 활발히 하시는 분이에요. 그런데 항상 마음속에 불안한 게 있대요. 어느날 주민 모임에서 어떤 사람이 북한 핵 문제에 대해서 얘기하는데 경수로 얘기를 하더랍니다. 그걸 들으면서 그분이 경수로가 뭔지 궁금했는데 그걸 물을 수가 없더래요. 경수로라는 것이 자기만이 아니라 대부분의 사람이 모르는 어려운 물건인지, 아니면 다들 아는 건데 자기만 모르는 건지, 그걸 분간할 수가 없어서요. 그래서 사람들과 얘기를 나누다가 모르는 이야기가 나오면 어떻게 대처해야 할지 몰라 늘 긴장하게 된다는 거예요. 그런 어려움 때문에 그분이 나중에 고입 검정고시도 보고 대입 검정고시도 보고 그러셨어요.

그분이 그러더라고요. "나는 지금까지 성실하게 살았

다. 돈 많은 사람은 별로 부럽지 않다. 그런데 배운 사람은 정말 부럽더라." 그분에게 공부는 살아가는 데 필요한 최소한의 자유로움과 당당함을 얻기 위한 방편인 셈이죠. 우리 사회가 아무리 돈에 대해 과하게 의미부여를 한다지만 돈이라는 건 마음먹기에 따라서 초연할 수도 있는데, 공부라는 건 그분에게는 한 인간으로서의 존엄을 갖추는데 꼭 필요한 것이니 초연하기 어려운 문제였던 거지요.

저는 재작년 세월호 참사 이후로 안산에서 지내면서 '치유공간 이웃'을 만들어 세월호 유가족들의 트라우마를 치유하는 일을 하고 있습니다. 유가족 중에 전국 방방곡곡에서 열리는 세월호 유가족 간담회에 열심히 참여하는 어떤 분이 있었어요. 세월호 간담회는 세월호 참사 이후 유가족들 마음이 어떤지, 별이 된 내 아이가 내게 어떤 아이였는지, 우리는 지금 왜 거리를 떠돌고 있는지 등등 서럽고 억울한 얘기를 하며 일반 시민들과 만나는 자리입니다. 자신들의 고통에 공감하고 연대하는 사람들과 함께하는 자리죠.

그런데 그분이 한동안 간담회를 열심히 다니시더니 어느날부터 갑자기 안 보이는 거예요. 다른 활동도 안 하고 외출도 안 하고, 연락도 안 되고요. 그러다 한참 시간이 지나서 어느날 나타나셨길래 그동안 왜 안 나오셨느냐고 물었더니, "선생님, 제가 요즘에는 간담회 나가기가 너무 힘들어요. 겁이 나요" 그러시는 거예요. 처음에는 간담회에서 시민들 만나서 우리 아이가 이런 아이였다, 나한테 어떤 자식이었다, 그런데 이렇게 억울하다 이야기하면 사람들이 들어주고 눈물 흘려주고 공감해주고 그러니까 마음이 풀리고 치유받는 느낌이 있었대요. 억울해서, 진상 규명을 위해서 열심히 다녔지만 동시에 치유적인 효과도 있었던 거죠. 그런데 세월호 특별법 얘기가 나오기 시작하면서 정부의 입장과 유가족의 요구에 대한 이야기가 논란이 되다보니까 간담회에 가서 이야기를 하다보면 사람들이 특별법에 관해서 자세하게 질문을 하더래요. 그러면 당황하게 된다는 거예요.

그분이 그러시는 거예요. "선생님, 제가 공부를 많이

못 했어요. 저는 대학을 못 갔어요. 그래서…… 특별법 얘기를 물어보면 대답을 할 수가 없어요." 그래서 어느 순간 간담회에 나가는 게 겁이 나고, 아이 얘기를 하고 싶은데도 갈 수가 없는 거죠. 사실 세월호 특별법에 대해서 법리적으로 잘 모르는 유가족들이 많습니다. 그럴 수밖에요. 부모가 법리적인 얘기까지 조목조목 할 필요도 없잖아요. 시민운동가들이나 변호사들이 간담회에 같이 다니기도 하니까 그런 질문은 그분들이 대답하면 됩니다. 그래도 그분 마음에는 자기가 못 배웠기 때문에 대답을 못 한다고 느끼는 거죠. 그래서 간담회에 가고 싶어도 못 가는 일이 생기는 거예요. 그렇게 보면 공부라는 것이 우리 사회에서는 여러모로 사람의 덜미를 잡는다고 할까, 그런 경우가 많은 것 같아요.

저는 이십육 년 동안 정신과 의사로 일하면서 그중 십여 년 이상을 병원 진료실 밖에서 거리의 의사로 살았습니다. 재난 현장과 거리에서 사람들을 만나고 상담했죠. 1970, 80년대 군사독재정권에서 모진 고문을 당했던 고문생존자들과 5·18광주민주화운동 피해자들, 그밖에 여러 국가폭력 피해자들을 상담해왔고, 쌍용자동차 해고노동자와 그 가족들을 치유하기 위해 평택에 심리치료센터 '와락'을 만들기도 했습니다. 최근에는 안산에서 세월호 참사 피해자 가족들을 만나고 있고요.

저 자신이 정신과 전문의로서 정신의학을 전공하고 여러가지 이론과 기법을 공부한 사람이지만, 최근 십년 동안 진료실 밖에서 사람들을 만나고 그들의 속마음을 듣는 경험을 하면서 공부에 대해 전과는 다른 생각을 하게 되었습니다. 그러면서 저 나름의 화두를 갖게 되었고요. 오늘 그 이야기를 공유해보려고 합니다.

요즘은 대학뿐 아니라 대학원에서도 심리상담 관련 학과의 경쟁률이 굉장히 높다고 합니다. 학부에서는 다른 학문을 전공하고도 뒤늦게 심리학을 공부해야겠다는 생각이 들어서 심리상담 관련 대학원을 찾는 경우도 무척 많아요. 다른 직업을 가지고 살다가 심리상담 대학원에 가서 다시 공부를 시작하시는 분들도 적지 않고요.

그분들의 속내를 들여다보면 이렇습니다. 살다보니까 도대체 왜 내 삶이 자꾸 이렇게 되는지 모르겠다, 부부 관계도 너무 어렵고 자식하고도 자꾸 갈등이 있는데 내 마음도, 상대의 마음도 도무지 이해할 수가 없다, 사람의 마음에 대해서 잘 알고 싶다, 그런 동기로 공부를 시작하는 분들이 있습니다. 또는 가족이나 가까운 지인 중에 인간관계나 여러가지 심리적인 문제 때문에 어려움을 겪는 사람이 있어서, 내가 공부를 해서 그런 사람들에게 도움을 주고 싶다는 생각으로 공부를 시작하는 분들도 많고요. 그런 이유로 상담에 관심을 갖고 관련된 책들을 찾아서 보는 분들이 많습니다. 사는 게 어려운 일이지만 특히 사람 관계가 제일 힘들다고 느끼는 경우가 많잖아요. 종잡을 수 없는 문제라고 느끼죠.

사실 정신과 의사들도 그런 경우가 많습니다. 의과대학에서 전공과목을 정할 때 예를 들어 내과로 하려다가 경쟁률이 높으면 소아과로 바꾸거나 진단방사선과로 진로를 수정하기도 해요. 외과로 하려다 안 되면 산부인과로 하고. 그렇게 전공과목을 바꾸기도 하거든요. 그런데 저도 그랬지만 이상하게도 정신과를 전공하겠다는 사람은 죽어도 정신과만 하겠다고 고집하는 경우가 많은 것 같습니다. 거기에는 이유가 있어요. 제 경우처럼 자기 상처가 무척 깊어서 그걸 해결하고 싶거나, 아니면 가까운 사람 중에 그런 사람이 있어서 도움을 주고 싶은 동기 때문에 정신과를 택하는 거죠.

그런데요, 실제로 치유가 절박하게 필요한 순간, 사람 숨이 넘어가고 가슴이 찢겨나가는 것 같은 참혹한 고통의 현장에서는 막상 심리치료나 심리상담 관련 전문가와 그들의 자격증이 무용지물인 경우가 많습니다. 그런 순간에 도움을 주고 싶어서 공부를 시작했고 공식적인 전문가까지 되었는데, 오히려 현장에서는 별 도움이 안 되는 거죠. 찬찬히 생각해봐야 할 문제인 것 같아요. 한두번이 아니라 제가 겪어온 여러 현장에서 반복적으로 확인되는 사실이거든요.

세월호 참사 때만 해도 심리치료나 심리상담과 관련된 자격증이 있는 사람들이 현장에 엄청나게 많이 왔습니다. 밀려왔다는 표현이 맞을 만큼 많은 사람들이 왔어요. 그런데 대부분은 별 도움을 주지 못하고 떠났습니다. 막상 큰마음 먹고 현장에 왔는데 어떻게 접근해야 할지부터 막막하고, 자신이 하는 일이 여기에서 큰 도움이 되지 않는다는 느낌 때문에 하나둘 떠나는 거예요. 오히려 다른 일을 하는 자원활동가들은 그 활동이 필요한 시기까지 오랫동안 활동을 하곤 하는데, 가장 필요한 일 중의 하나인 심리치유를 하는 사람들은 대개 그렇지 못하더라고요. 한번 생각해보면 좋겠습니다. 보통 때는 잘 들던 의사의 메스가 사람이 결정적으로 쓰러져 넘어가는 순간마다 제대로 들지 않는다면 과연 그것을 치료의 도구라고 할 수 있을까요? 정신의학이나 심리상담이라는 학문, 그것을 배운 사람들의 공부라는 것이 과연 무엇인지, 혹시 내가 해온 공부에 근본적으로 결여된 것이 있는 건 아닌지, 혹시 결정적으로 잘못된 건 없는지 묻게 되는 거죠.

치유의
골든타임

세월호 사고 초반에 골든타임이라는 말을 많이 했습니다. 아이들이 생존해 있을 가능성이 높은 시간이 사고 후 72시간까지이기 때문에 그 골든타임을 놓치면 안 된다, 그 시간 안에 구조작업이 이루어져야만 아이들을 살릴 수 있다고 했어요. 트라우마에 대한 심리치료에도 마찬가지로 골든타임이 있습니다. 보통은 이론적으로 3개월이라고 하죠. 그래서 사고 초반에 전문가들이 그 시기를 놓치면 안 된다는 이야기를 무척 많이 했습니다. 그때 빨리 상담을 받거나 치료를 시작하지 않고 그 시기가 넘어가버리면 굉장히 위험해진다고들 했어요. 많이 보셨을 거예요. 전문가들이 그에 관한 인터뷰도 많이 하고 칼럼도

쓰고 했습니다. 맞는 얘기예요.

　세월호 참사 직후에 진도 팽목항에 즉각 수십개의 천막이 세워졌습니다. 초기에 팽목항에 가보신 분도 있고 화면으로 보신 분도 있겠지요. 여러 지자체에서, 대학병원에서, 경찰청에서, 교육청에서 수십개의 심리상담 부스를 차렸습니다. 그런데 정작 피해자들은 그곳을 이용하지 않았어요. 그러다보니까 이 사람들이 아이를 찾느라 정신이 없어서 그런가보다 하고 이번에는 아이를 찾아서 장례를 다 치른 사람들을 대상으로 안산 지역에 상담 부스들을 차리기 시작했어요. 안산의 정부합동분향소 앞에도 만들고, 아이들 장례식이 치러지는 장례식장 앞에도 만들고, 지자체, 동네 보건센터, 주민센터, 여성센터 등 여러곳에 상담센터를 차렸습니다. 그런데 장례식이 끝나도 유가족들이 상담을 받으러 오지 않았어요. 그러자 정부에서 정신과 의사들, 심리상담 전문가들로 팀을 꾸려서 유가족들을 일일이 방문하기 시작했습니다. 수백가지 문항으로 된 심리검사지를 나눠주면서 심리상태를 체크해봐야 한다,

상담을 받으러 와야 한다고 유가족들에게 심리치료를 독려했어요. 그래도 웬일인지 유가족들은 반응이 없었습니다. 반응이 없을 뿐만 아니라 찾아오는 전문가들에게 문도 열어주지 않는 경우가 많았어요.

　　정부와 전문가들이 이런 식으로 했던 것은 트라우마 치유의 교과서적인 방식을 그대로 따른 것입니다. 심리치유에 골든타임이 있어서 그때 빨리 상담을 받고 치유를 시작해야 한다, 그때 할 수 있는 심리검사에는 어떤 것들이 있다, 다 책에 나와 있는 내용이에요. 그런데 그런 지식들이 현장에서는 하나도 통하지 않았던 거죠. 더구나 그런 일련의 과정을 겪으면서 유가족들이 화를 내기 시작했어요. 전문가들이 상담받으라고 하고 자꾸 찾아오고 하니까 오히려 역정을 내기 시작한 거예요.

　　여기서 잠깐 멈추고 생각해보면 좋겠습니다. 이론적으로는 맞는 이야기지만, 이것이 과연 2014년 대한민국의 세월호 현장에도 맞는 이야기였을까요? 팽목항에 세워진 심리상담소는 꼭 필요한 것이었을까요? 유가족들이 그곳에서 심리상담을 받을 수 있었을까요?

상식적으로만 생각해봐도 상담을 할 수 있는 상황이 아닙니다. 바닷속의 아이를 찾지도 못했는데, 아이를 못 찾고 수십일, 몇개월을 기다리던 엄마 아빠들인데 상담이 어떻게 가능하겠어요? 상담이란, 내 고통을 누군가에게 토해내는 일이란 기본적으로 몸과 마음의 이완과 함께 일어나는 일입니다. 아이를 바닷속에 둔 채로 숨을 쉬고 있는 엄마 아빠들에게는 그게 원천적으로 불가능하죠. 당연한 얘기예요. 내 자식의 생사 여부에 온몸의 신경이 빨랫줄처럼 팽팽하게 곤두서 있을 때죠. 죽을 만큼 고통스러워도 아이를 찾고 나서 죽자는 마음이 드는 상태죠. 아이를 찾을 때까지는 자신에게 최소한의 이완도 허용할 수 없는 것이 당연한 상황입니다.

또 부모 입장에서는 나 편하자고 상담을 받는다는 게 말이 안 되죠. 상담해야 한다고 아무리 설득해도 그때는 안 합니다. 아니, 죄의식 때문에 못 하는 겁니다. 내 아이가 지금 물속에 잠겨 있는데 나 편하자고 상담이나 받고 있는 자신을 받아들일 수가 없는 거예요. '내가 엄만데, 내 자식 생사도 모르는데 나 편하자고 상담을 받아?' 스스로 용납이 안 되는 거예요. 그래서 팽목항에 있던 수많은 심리상담 부스들은 별 의미가 없었던 것이죠. 그래서 참사 초기부터 자꾸 상담, 상담 한 것이 오히려 유가족들을 자극하고 화를 내게 하는 꼴이 된 겁니다. 유가족들 마음이 그렇지 않겠어요? '저 사람들이 자기 일 아니라고 저러지. 부모 마음을 전혀 모르니 저러지. 지금 우리가 상담은 무슨 상담이냐……' 하게 되는 거죠.

팽목항에 있던 유가족들이 다급하게 의료적인 도움을 구하는 경우는 우리 아이인 것 같은 아이가 물에서 올라왔다는 전갈을 받을 때예요. 물에서 건진 아이들의 인상착의를 진도체육관 앞 게시판에 붙여놓잖아요. 아이가 어떤 색깔의 옷을 입었다, 어떤 핀을 꽂았다, 무슨 운동화를 신었다 등등의 소식이 나와서 그게 내 아이인 것 같다 싶으면 가서 확인을 해야 하잖아요. 그러면 그때 엄마 아빠들이 자원봉사 약사들이 운영하는 약국 부스로 뛰어가서 우황청심환을 달라고 해요. 그래서 그걸 먹고 아이 신원을 확인하러 가는 거죠. 그때 외에는 의료적인 도움을 요청하는 일이 거의 없습니다.

상담이란 건 기본적으로 고통을 겪고 있는 자신의 감정을 드러내는 과정, 자기 고통에 집중하는 과정이에요. 그런데 트라우마 피해자들이 갖는 깊고 집요한 감정은 다름아닌 죄의식입니다. 내가 죽인 거다, 나 때문이다, 그런 감정과 생각에 마치 늪처럼 빠져들어요. 내가 수학여행을 보내지 않았더라면, 내가 더 힘있는 부모였더라면, 내가 안산으로 이사 오지 않았더라면…… 이런 끝도 없는 '내 탓'으로 초주검이 됩니다. 생존학생이나 유가족들 거의 모두가 공통적으로 갖는 감정이죠. 그런 죄의식이 너무 크면 사람은 '자기처벌'을 합니다. 자기 몸을 함부로 다루는 거죠. 자기를 보호하지도 않고, 그럴 자격도 없다고 믿는 겁니다. 그래서 심리상담도 하기 어렵고 몸이 아파도 병원 치료를 거부하는 경우가 많지요. 피해자들의 이런 어마어마한 죄의식을 심리적으로 잘 다루지 못한 상

상담이란, 내 고통을 누군가에게 토해내는 일이란
기본적으로 몸과 마음의 이완과 함께 일어나는 일입니다.
아이를 바닷속에 둔 채로 숨을 쉬고 있는 엄마 아빠들에게는 그게 원천적으로 불가능하죠.

태에서는 심리치유가 한발짝도 진행되지 않습니다. 그 점을 간과한 채로 이루어졌던 사고 초기의 심리치유 대책들은 그러니까 피해자 개인에게는 와닿지 않는 행위들일 수밖에 없었던 거죠.

심리검사도 마찬가지예요. 초기에 정부에서 안산 트라우마 센터를 만들겠다며 정신과 의사, 심리상담사들을 안산으로 파견했는데, 이들이 유가족들을 가가호호 찾아다니면서 심리검사지를 나눠줬습니다. 문항만 거의 사백, 오백여개가 되는 심리검사지예요. '잠을 못 잔 적이 있습니까?' '죽고 싶다는 생각을 한 적이 있습니까?' 이런 질문들을 보면서 유가족들이 또 분노하기 시작했습니다. '지금 우리 중에 잠을 제대로 잘 수 있는 사람이 있겠냐. 우리 중에 죽고 싶은 생각이 안 드는 사람이 어디 있겠냐. 이걸 물어봐야 아는 게 전문가냐' 하고 말이죠. 파견된 전문가들은 이런 심리검사지를 나눠주고 심리치료를 독려하려다가 유가족들에게 더 신뢰를 잃어갔습니다.

환자의 상황을 정확히 알고 숨겨진 문제들도 모두 파악할 수 있어야 제대로 된 치료를 시작할 수 있다는 것은 의사들의 기본적인 입장입니다. 의사라면 당연한 태도죠. 올바른 치료는 정확한 진단을 바탕으로 가능하니까요. 그러나 재난 현장에서는 다르게 적용해야 해요. 원론적인 얘기만 반복할 수 없습니다. 매우 예외적인, 응급상황이니까요. 전쟁터에서 부상을 입고 피를 철철 흘리며 실려온 부상자에게 야전병원 의사가 '나는 MRI 결과가 있어야만 치료를 할 수 있다'고 버티면 안 되잖아요.

더구나 피해자가 '예' '아니요'를 직접 기입하는 자기보고식 심리검사는 트라우마 현장에서는 그렇게 정교한 진단기준이 될 수도 없습니다. 당시 유가족들, 생존학생들은 집중력이 오분 이상 지속되기가 어려운 상태였어요. 수백개의 질문에 일일이 답할 수 있는 집중력이 없는 상태인 거죠. 그때 유가족들이나 생존학생들이 하던 얘기가, 텔레비전을 틀어놓고 한참을 보고 나서도 뭘 봤는지 생각이 전혀 안 난다고 했어요. 집중이 안 되는 거죠. 그런 상태에서 사백, 오백 문항의 검사지를 주면 할 수 있나요? 없죠. 당시 유가족 부모들 중에는 실수로 큰 교통사고를 내거나 공장에서 작업을 하다가 안전사고를 당하는 분이 적지 않았습니다. 생존학생 부모 중에도 차가 전복되는 사고가 난 경우도 있었고요. 집중을 못하고 딴생각을 하다가 변을 당한 거죠.

초기에 생존학생들이 심리검사지를 받았을 때도 "자꾸 하라니까 하긴 했는데, 뒤에는 질문이 너무 많아서 그냥 아무거나 동그라미 쳤어요"라고 한 아이들이 많았어요. 집중력이 현저하게 떨어지는 것은 트라우마 초기의 혼돈 상태에서 나타나는 흔한 증상입니다. 이럴 때는 이런 유의 검사지보다 전문가의 섬세한 문진과 관찰이 피해자 상태에 대해 더 정확하고 더 많은 정보를 줘요. 그런데 그렇게 하지 못했어요. 재난 현장에 파견된 전문가들이 대학병원 외래진료실에서 하던 방식 그대로 활동을 했습니다. 받는 이의 심리상태를 고려하지 않고 공급자 위주의 접근을 한 거예요. 본의 아니게 심리 분야의 전문가들이 독선적이거나 폭력적인 접근을 한 거죠. 이게 사람의 심리를 공부한 사람들이 한 행위입니다. 그렇다면 이때 심리 전문가들이 한 '공부'라는 것은 과연 무엇이었던 걸까요?

세월호 트라우마 피해자들에게 치유 전문가라는 사람들은 한마디로 '공부나 많이 했지 내 마음은 전혀 알지 못하는 사람'이었어요. 그저 우리에게 의학적으로 접근하는 사람들, 치료 안 받으면 큰일 난다고 협박하는 사람들이었던 거죠. 그래서 유가족들이 치유의 '치' 자만 들어도 치가 떨린다는 얘기들을 많이 했어요. 계속 상담하라고, 안 하면 앞으로 더 큰일 난다고 하니까 내가 앞으로 겪을 더 큰일이란 게 도대체 무엇일까 막연한 공포도 생기고요. 그러다가도 자신의 상태를 제대로 알지도 못하는 사람들이 그런 얘기를 한다는 생각이 들면 갑자기 그들에게 분노가 생기는 거죠. 아이를 잃고 온 삶이 뿌리째 뽑혀나갔고 다 허물어졌는데 앞으로 더 큰 재앙이 있을 수 있다니 초조와 분노, 공포가 마구 뒤섞이는 거예요. 이런 이유들 때문에 유가족 중에는 꽤 오랜 시간 동안 심리치유에 대해 강한 거부감을 가진 사람이 많았습니다. 치유라는 말에 알레르기가 생긴 거예요. 아직도 그 상태에 머물러 있는 분도 드물지만 있어요. 이것이 현장에서 반복적으로 일어난 일입니다.

이론으로
할 수 없는 것,
해서는 안 되는 것

　치유에는 분명 골든타임이 있습니다. 그런데 그때 정말로 해야 할 일은 따로 있어요. 저는 현장에서 오랫동안 있으면서 그렇게 느꼈습니다. 3개월 내에 전문가를 찾아가서 지금 내 상황을 빨리 받아들이고 힘든 것을 얘기하기 시작하고 상담하게 만드는 것, 이것이 골든타임 때 해야 할 일이 아닙니다. 할 수도 없고 그렇게 해서도 안 됩니다.

　왜 할 수 없을까요? 비유를 들어보겠습니다. 팔팔하던 젊은 사람이 갑자기 사고로 다리를 절단하는 수술을 받는 경우가 있죠. 수술이 끝나고 마취에서 깨어나보면 다리 한쪽이 없어졌어요. 그런데 자다가 발가락에 통증이 옵니다. 무릎 아래가 다 없어졌는데도 발가락이 끊어질 듯이 아파서 비명을 지르는 거예요. 수술한 부위 주변이 아픈 것이 아니라 잘라내고 없는 부위가 아픈 거예요. 수개월, 때로는 수년 동안 발가락이 칼로 베어내듯이 아파서 참을 수 없어합니다. 왜 그럴까요? 물리적으로는 하루아침에 내 다리가 잘려나갈 수 있어요. 그런데 심리적으로 그 다리는 태어나서부터 지금까지 나와 연결된 내 몸이었어요. 머리부터 발끝까지가, 지금은 없어졌지만 그 발끝까지가 원래 내 몸이었어요. 나는 그렇게 인식하고 느끼는 거예요. 물리적으로는 떨어져나갔어도 심리적으로는 오랫동안 그게 붙어 있는 것으로 느낄 수밖에 없습니다. 없어진 걸 아무리 눈으로 확인해도요.

물리적인 상황이 바뀌었다고 해서 거기에 맞게 사람 마음도 금방 리셋되지 않아요. 우리가 살다보면 죽을 만큼 큰 사고를 겪고 살아남거나 사랑하는 사람을 갑자기 잃는 경험을 할 수 있는데 그걸 외상후 스트레스 장애, 트라우마라고 하죠. 트라우마는 내면의 갈등이 아니라 갑작스러운 외부의 사건으로 인해서 삶 전체가 틀어지고 무너져내리는 것입니다. 치명적인 사고로 목숨을 잃는 데 걸리는 시간은 3초도 안 되죠. 그렇게 벼락처럼 삶이 부서지는 거예요. 그게 바로 트라우마입니다.

그런 사람에게 갑자기 지금 당신에게 엄청난 심리적 문제가 생겼다는 걸 받아들여라, 정신과 의사를 만나서 상담을 받아라, 하는 말이 어떻게 마음에 와닿겠어요. 비현실적인 느낌이 들지 않겠어요? 3초 전까지만 해도 나는 멀쩡하던 사람이었는데, 내가 정신과 의사를 만나야 하는 상태에 처할 수 있다는 생각을 한번도 해보지 않았는데, 갑자기 '당신은 정신과 환자야' 하는 주위의 압박을 어떻게 금방 받아들일 수 있겠어요.

트라우마 피해자는 정신과 환자가 아닙니다. 트라우마 피해자는 '외부적 요인'(사건)으로 인해 내가 유지해오던 심적·물적 균형이 무너진 상태에 처한 사람이에요. '심리내적 요인'(자기 상처 등)으로 인해 생긴 정신과적 질병을 가진 정신질환자가 아니라는 말입니다. 예를 들면 길을 가다가 퍽치기를 당해서 머리를 다쳐 중환자실에 입원

하게 된 사람이지 본래 고혈압 환자였다가 중풍으로 쓰러진 사람이 아니란 겁니다. 그런데 의사가 마치 원래부터 환자였던 사람 취급을 하면서 치료를 하려 들면 안 되는 거죠. 거부감을 느낄 수밖에 없는 거예요.

당장은 상황을 받아들일 수 없더라도 어떻게든 상담을 받고 어려움을 털어놓고 도움을 받는 것이 도움이 되지 않겠느냐고 생각할 수도 있겠죠. 하지만 그렇게 되지가 않아요. 마음을 여는 행위는 당위적인 이유로 되지 않습니다. 나를 온전히 이해하고 받아들여준다고 느껴지는 사람에게만 마음을 열 수 있어요. 설득으로 되는 일이 아니지요.

게다가 환자화(化)하는 듯한 전문가에게 거부감을 갖는 것은 오히려 건강한 자아가 살아 있다는 증거예요. 저는 그걸 긍정적인 신호로 봅니다. 멀쩡했던 아이가 하루아침에 그렇게 돼버렸고, 내 삶은 진흙탕 속으로 처박혀서 하루아침에 다 무너져버렸어요. 세상이 다 무너졌는데, 정신과 환자가 되어서 나조차도 다 망가져버린 느낌을 가지는 것을 어떻게 견뎌낼 수 있나요. 그래서도 안 되고 그럴 필요도 없어요. 명백히 그런 문제가 아닙니다.

　세상이 무너졌고 정신을 차릴 수 없을 만큼 고통스럽지만 나는 정신과 환자가 아니다, 단지 힘든 상태에 처한 것일 뿐이다, 라고 느껴야 무너져내린 세상을 자신의 어깨로 떠받치고 일어날 최소한의 힘을 확보할 수 있어요. 자신에게 남아 있는 힘을 확인할 수 없으면 트라우마 치유는 불가능해요. 그래서 갑자기 자신을 정신과 환자 취급하는 전문가에게 저항하는 모습을 저는 건강한 자아가 작동하는 증거로 봅니다. 세상이 무너졌는데 나까지 망가졌다고 느끼면 피해자는 더 버틸 기력이 없어요. 결국엔 삶을 놓게 될 수도 있습니다. 다시 말씀드리지만 트라우마 피해자, 생존자는 '정신과 환자'가 아닙니다. 이것이 이들을 대하는 모든 치유행위의 전제가 되어야 해요.

　의도하지 않았더라도 트라우마 피해자를 정신과 환자로 취급하는 모든 행위는 피해자 개인이 지니고 있는 한 인간으로서의 위엄과 건강한 자아의 힘에 상처를 입히는 거예요. 그 사람이 치유과정 중에 발휘해야 하는 자기 상황에 대한 자기통제력을 약화시키는 것과 같아요. 고백하건대 정신과 의사들은 부지불식간에 사람을 환자로 치환해서 보는 경향이 있습니다. 그렇게 키워진 전문가들이니까요. 하지만 사람을 치유하는 데 이런 시각은 가장 치명적인 결함이고 장애물입니다. 나는 이 질병에 대해서 다 알고 깨우친 자, 너는 병들고 모르는 자, 그러니 나를 믿고 따라와라. 이건 명백하게 반치유적인 시각이에요. 의사가 끊임없이 성찰하지 않으면 쉽게 그렇게 됩니다. 상처를 치유하겠다고 시작한 일이 거꾸로 상대에게 결정적인 상처를 주는 거예요. 저도 여태 죽을힘을 다해서 저항하고 성찰하고 있는 문제입니다.

정말로
필요한
도움이란

그렇다면 트라우마 피해자들에게 가장 필요한 것은 무엇일까요? 저는 유가족들에게 상담받으라고 등 떠밀 것이 아니라, 내가 지금 어떤 상황에 처해 있는지 알 수 있게 도와주고, 그 상황에서 스스로를 통제할 수 있는 힘이 자신에게 여전히 남아 있다는 걸 자각할 수 있도록 도와야 한다고 생각해요. 그것이 극도의 혼돈 속에 있는 트라우마 피해자들을 치유하는 가장 근본적인 전제가 되어야 합니다. 지금껏 자기가 구축해온 모든 세상이 완전히 무너져버렸지만 나 자신까지 무너진 건 아니라는 걸 확인할 수 있어야 해요. 그래야 심리적·물리적 폐허 속에서도 그 사실을 최소한의 기반으로 삼아서 일어날 수 있습니다. 그 힘이 있어야, 그게 살아 있어야 전문가의 도움도 스스로 받아들일 수 있어요. 자기면역력이 전혀 없으면 의사가 아무리 좋은 항생제를 투여해도 병을 이기지 못하는 것과 같은 이치죠.

유가족들 입장에서 수학여행을 떠났던 아이가 갑자기 그렇게 됐다는 건, 마치 공간이동해서 눈을 떠보니까 갑자기 생전 와본 적 없는 오지에 떨어진 것과 같은 상황입니다. 어제까지 알던 세상과는 전혀 다른 세상에 떨어진 거예요. 여기가 어딘지도 모르겠고 방향감각도 전혀 없는 상황에 처한 거죠. 그런 사람에게 갑자기 이리로 가라 저리로 가라 하고 옆에서 아무리 조언을 해도 한발짝도 움직일 수 없습니다. 여기가 어딘지, 내가 왜 이곳에 와 있는지 알아야 움직일 수 있어요. 이쪽으로 가도 되겠구나, 안 다음에야 비로소 스스로 발을 뗄 수 있어요. 치유의 골든타임에 트라우마 피해자들에게 해주어야 하는 건 '내가 지시하는 대로 움직여라, 이쪽으로 와라' 하는 식으로 전문가가 주도하는 도움이 아닙니다. 갑자기 오지에 떨어진 사람에게 지도 한장을 쥐여줘서 이들이 혼란 속에서도 최소한의 자기주도권을 확보할 수 있게 하고, 그래서 극단적인 무력감에 빠지는 것을 막아주는 일입니다. 그 지도를 보고 자신이 지금 어디에 있는지 알 수 있어야 해요. 그것이 골든타임 때 이루어져야 하는 치유의 핵심 개념인 것이죠.

사람은 자기가 처한 상황을 '파악'하고 '이해'할 수 있어야 상황에 대한 자기주도권을 찾을 수 있고, 그래야만 비로소 상황에 대한 자기통제력이 생깁니다. 그때부터는 자기 문제에 대해 전문가와 상의할 수도 있고 전문가의 도움을 받을 수도 있지요. 불안에서 빠져나오려 하는 자기 의지가 그때부터 발동이 걸리기 시작하는 거예요. 사람이 가장 불안하고 공포스러울 때는 예측 불가능할 때입니다. 혼돈과 불안이 극심해지면 불필요한 에너지 소모가 일어나고, 그에 압도되면 마침내 탈진하고 말아요. 무력한 상태로 추락하는 거지요. 이런 상황으로 치닫지 않도록 막는 것이 트라우마 현장에 있는 전문가가 할 일입니다. 이런 상황을 방치하고서는 제대로 된 치유는 시작도 할 수 없어요.

예를 들어보죠. 세월호에서 구조되어 병원으로 옮겨진 생존학생들에게 심리치료가 필요하다는 것은 상식적으로 알 수 있는 일입니다. 문제는 그 내용이나 방식이죠. 실제로 세월호 참사 초기에 정신과 의사들이 취했던 접근 방식은 크게 두가지였습니다. 한쪽은 생존자들의 불안, 초조감, 불면, 혼돈과 집중력 장애 등의 증상을 완화하기 위해 약물치료를 주로 하는 방식, 또 다른 쪽은 생존자들에게 내밀한 개인상담을 독려하는 것이었어요. 그런데 사실 참사 직후의 피해자들은 자신의 내밀한 속 이야기를 하기가 쉽지 않습니다. 상황 자체에 대한 쇼크, 혼돈이 극에 달해 있는 상태니까요. 곁에서 보기에 붕 떠 있고 불안해 보이니까 걱정이 돼서 물어보면 "모르겠어요. 괜찮아요" 그러고 마는 경우가 많죠.

사고 초기에는 많은 피해자들이 자기가 겪은 참사에 대한 현실감이 떨어집니다. 오히려 시간이 흐르면서 참사 당시의 고통을 더욱 생생하고 현실감있게 느끼기 시작해요. 주변 사람들은 잊힐 만하다 싶을 때 당사자들은 오히려 또렷하게 고통을 느끼기 시작하는 거죠. 인간이 자기 한계를 넘을 정도의 극한적인 고통을 받았을 때 나타나는 현상이에요. 고통이나 슬픔 같은 감정을 차단해서 아예 못 느끼도록 감정을 마비시켜버리는 거죠. 자기보호를 위한 무의식적인 작용입니다. 피해 당사자인데도 마치 남의 일처럼 행동하기도 하고요. 초기에는 이런 피해자들이 많습니다. 그래서 더 정교하고 섬세한 대처가 필요한데, 세월호 참사 초기에는 아주 기능적인 약물치료와 매우 내밀한 개인 심리상담이라는 양극단의 치유방식이 피해자들에게 강요된 측면이 많아요. 제가 판단하기엔 이 두 극단 사이의 넓은 스펙트럼상의 중간 어느 지점쯤의 치유방식이 더 적절했다고 봅니다. 그런데 참사 초기에 전문가들이 피해자들에게 상담을 받아라, 안 받으면 큰일 난다며 강요하는 경우가 많다보니까 생존학생들도, 유가족 부모들도 점점 뒷걸음치다가 심리상담에 대한 반감이 무척 커

겼습니다. 상담에 대한 거부감이 커진 상태에서 피해자들이 힘들어졌을 때 받아들일 수 있는 도움은 약물처방밖에 없는 거예요. 이건 아닌 거죠.

생각해보세요. 친구 손을 놓치고 혼자 살아난 고등학교 2학년 학생에게 "뭐가 제일 힘드니? 힘든 것 있으면 얘기해봐" 하면 그걸 제대로 말할 수 있는 아이가 몇이나 될까요? 퍽치기를 당해서 피를 철철 흘리는 아이에게 지금 뭐가 제일 힘드냐고 묻는 것과 같을 수 있어요. 그런 질문 자체가 피해자에게 저 사람은 내 상황을 절대 알 수 없고 상상할 수도 없을 거라는 마음이 들게 할 수도 있는 거죠. 자기 고통에 대해서 말로 표현하는 건 어른에게도 힘든 일입니다. 아이들은 더 그렇죠. 극도의 혼돈 상황일 때는 더 어렵고요. 이때 필요한 것은 이런 유의 일반적인 상담이 아니라 자기가 처한 심리적 상황에 대한 자상한 설명입니다. 자기 상황을 알 수 있게 함으로써 스스로 자기 통제력을 갖추게 해주는 거죠. 그럴 때 저는 이렇게 얘기해요.

"선생님은 이런 참사나 트라우마 상황에 대한 전문가거든. 그러니까 내 말을 한번 잘 들어봐. (내가 전문가라는 것을 강조하는 건 피해자가 나를 믿을 수 있어야 내 말을 신뢰할 수 있고 그래야 혼돈과 불안이 줄어들 수 있기 때문입니다. 피해자를 안심시키기 위해 저는 이런 현장에서는 제가 트라우마 현장에 대한 노하우를 얼마나 많이 가지고 있는 의사인지 구체적으로 얘기합니다.) 네가 지금은 무척 혼란스럽고 아무 생각도 안 날 수 있지만, 며칠 후나 한달쯤 후부터는 세수를 하다가도, 샤워를 하다도 갑자기 불안해질 수 있어. 얼굴에 물이 닿으면 소스라치게 놀랄 수도 있어. 그러면서 배에서 있었던 일들이 생생하게 떠오를 거야. 그런 생각 안 하려고 애써도 계속 날 거야. 괜찮아. 한동안은 그럴 거거든. 너만 그런 게 아니라 그때 함께 배를 탔던 사람들은 거의 다 그래. 그런 게 트라우마 후유증이라는 거야. 그리고 한동안 잘 때 방의 불을 못 끌지도 몰라. 불을 끄면 불안하고 무서워서 잠을 못 잘 수도 있거든. 놀랄 거 없어. 아마 친구들도 많이 그럴걸.

그리고 친구들한테 미안하고 죄지은 느낌도 들 거고. 차라리 내가 죽었어야 된다는 생각도 할 수 있어. 사랑하는 사람을 갑자기 잃은 사람에게 생기는 공통된 증상이야. 진짜 죄를 짓고 그 죽음에 책임이 있어서 죄책감이 드는 게 아니라, 그 사람을 사랑하는 순서대로 죄책감을 느껴. 친구랑 많이 친했거나 좋아했던 만큼 그에 비례해서 죄책감을 갖게 되는 거지. 네 책임이, 네 탓이 아닌데도 죄책감을 가질 거야. 친구를 사랑하는 만큼. 몇달, 아니 더 오래 그런 경우도 있어."

그렇게 앞으로 닥쳐올 증상들에 대해 피해자에게 미리 알려주면 그런 상황에 맞닥뜨렸을 때 덜 당황하고 덜 압도될 수 있습니다. 알고 당하는 것과 모르는 상태에서 그 감정의 수렁에 대책없이 빠져드는 것은 전혀 달라요. 훨씬 견디기가 나아요. '아, 지난번에 그 선생님한테 들었던 게 이런 상태인 거구나. 죄책감이 이렇게 계속해서 나타나는 거구나. 나도 그렇구나. 내가 걔랑 엄청 친했어서……' 그렇게 자기 상태를 심리적으로 제대로 해석할 수 있고, 미리 알고 대비할 수 있으면 증상에 무력하게 압도되지 않아요. 모르고 당할 때보다 훨씬 잘 견딥니다. 힘들어도 덜 힘든 거지요. 그런 걸 전혀 모른 채 지내다가 어느 날 갑자기 샤워하다 두려움이 엄습하면 내가 점점 이상해져간다는 불안에 휩싸이지요. 밤에 엄마가 그만 자라면서 불을 껐는데 막 예민해지고 신경질을 내게 되고, 그러면 엄마의 불안도 걷잡을 수 없이 커지고 본인도 '내가 왜 사소한 일에 이러는 거지?' 하고 스스로를 불안하게 여기게 됩니다. 똑같이 물이 두렵고 어둠이 두려운 증상을 겪더라도 그럴 수 있다는 걸 알고 겪고, 나만 특별한 문제가 있어서가 아니라 다른 피해자들도 그렇다는 걸 알면 안심하게 됩니다. 안정적으로 대처할 수 있습니다.

그래서 저는 초기에는 아이들에게 힘들거나 궁금한 게 있으면 선생님한테 와서 물어보라고 하지 '상담하자'고 얘기하지 않아요. 그러면 훨씬 쉽게 다시 와요. "진짜로 잠을 못 자고 이상한 생각이 들어요. 이래도 되는 거예요? 언제까지 그래요?" 그러면 재차 설명을 해줍니다. 그런 과정을 거치면서 자기의 낯선 증상들에 관해 조금씩 이야기하게 되고, 자기 상황에 대해 점점 더 이해하게 되고 그러다보면 점점 자기의 진짜 속 이야기, 진짜 하고 싶은 이야기도 하기 시작해요. 사고 당시의 기억들에서부터 부모님에 대한 걱정, 사고 전부터의 부모님과의 관계에 대해서, 자기의 친구관계나 자기 성격 등에 대해서도요. 다른 말로 하면 그게 '상담'이죠.

'상담이란 모름지기 이러이러한 것이다'라는 고정관념에 사로잡히거나 '내 전공은 무슨무슨 심리치료 기법이다'라며 상황보다 자신의 전공분야에 대한 몰입이 더 강한 경우가 현장에서 심리상담이나 정신의학이라는 학문을 더 쓸모없게 만드는 것 같습니다. 전문가들이 도식적으로 적용하는 전문지식이 현장에서 여러 문제들을 일으키는 거죠. 그렇다면 그때의 전문가란 무엇일까요. 그가 그간 공부해왔던 공부는 그럼 무엇일까요.

사람에게는 본래 지니고 있는 무의식적 건강성, 온전함이 있습니다. 저는 병원 상담실에서 사람들을 만나던 시절보다 트라우마 현장에서 피해자들을 접하면서 그에 대한 확신이 더 또렷해졌어요. 끝 간 데 없이 추락하다 벼랑 끝 나뭇가지에 간신히 걸린 듯한 아득한 존재들을 만나면서, 어쩌다 한순간에 지옥 같은 곳에 처박힌 삶들을 접하면서 모든 인간은 치유적 존재라는 것을 더 분명하게 확인했어요. 그것이 궁극적인 치유의 동력이자 치유의 핵심 기반이 되어야 한다는 걸 이젠 한톨의 의심도 없이 확신합니다. 그래서 치유란 그 사람이 지닌 온전함을 자극하는 것, 그것을 스스로 감각할 수 있게 해주는 것, 그래서 그 힘으로 결국 수렁에서 걸어나올 수 있도록 옆에서 돕는 과정이 되어야 하는 거죠. 내가 가진 전문가로서의 역량이 있다면 오로지 그걸 하는 데 모두 쏟아야 한다고 느껴요. 내 지식, 내 힘, 내 명민함, 나의 분석과 계몽, 내가 배운 치유기법 등으로 사람이 구해지지 않더라고요. 사람은 그렇게 단순하고 기능적인 존재가 아니니까요.

치유란 그 사람이 지닌 온전함을 자극하는 것, 그것을 스스로 감각할 수 있게 해주는 것,
그래서 그 힘으로 결국 수렁에서 걸어나올 수 있도록
옆에서 돕는 과정이 되어야 하는 거죠.

제가
미친 건가요?

사랑하는 사람을 갑자기 잃은 사람이 그 사실을 부정하고 분노하다가 결국에는 현실을 받아들인다, 혹은 그렇게 되어야만 한다. 이것이 우리가 배워서 알고 있는 지식입니다. 그런데 모든 사람이 꼭 그렇게만 되는 건 아닙니다. 그런 과정을 순서대로 다 밟는 것도 아니고요. 그렇다고 해서 그게 비정상적인 것도 물론 아니에요. 모든 사람이 하나의 관념과 틀, 하나의 이론에 모두 들어맞는 건 아니고 꼭 그럴 필요도 없으니까요. 오히려 대부분의 사람들은 그런 선명한 논리적·이론적 과정과는 다른 비정형적인 과정들을 거쳐요. 그러면서 더 자연스럽고 편안하게 치유가 되고요.

딸을 잃고 두어달 몹시 힘들어하다가 다시 직장도 나가고 남은 둘째도 비교적 잘 돌보는 유가족 엄마가 있었어요. 아이 장례를 치르면서는 실신도 하고 힘든 시간을 보냈지만 나름 잘 추스르고 살아간다고 스스로 생각하던 엄마였어요. 남들이 보기에도 딸이 없는 현실을 인정하고 나름의 삶에 차근차근 적응해가는 것 같았고요. 그런데 이 엄마에게는 사실 남들에게 말 못 할 깊은 고민이 있어요. 자기 아이와 동갑내기인 친정조카가 있는데, 사고 이후로 걔가 이유 없이 너무 밉다는 거예요. 자기가 그 아이 이모인데도 걔만 보면 이유도 없이 화가 난다는 거죠. 어떨 땐 좀 괜찮은 것 같다가 아주 사소한 계기로 걔가 죽일 듯이 미워지고, 어떨 때는 자기가 그 조카를 해코지할 것 같은 마음까지 생긴다는 거예요. 그럴 때마다 스스로 얼마나 놀라겠어요. 세월호 유가족 엄마들이 가장 많이 하는 질문이 뭔지 아시나요? "선생님, 제가 미친년 아닌가요?"라는 말이에요. 이 엄마도 어느날 제게 똑같은 질문을 하는 거예요. 조카 얘기를 하면서요.

그러던 어느날 이 엄마가 아침에 운전을 해서 출근하다가 갑자기 울음이 터졌대요. 특별한 일이 있었던 것도 아닌데 갑자기 눈물이 나기 시작하더니 도무지 멈추질 않는 거예요. 차를 돌려서 집으로 돌아왔어요. 오후가 되고 저녁이 되어도 눈물이 멈추지 않아서 병원 응급실까지 갔대요. 응급실 의사가 호흡법을 가르쳐주면서 이렇게 해봐라, 저렇게 해봐라 하는데, 의사 말대로 아무리 해봐도 울음이 멈추질 않는 거예요. 그랬더니 의사가 이젠 힘들더라도 아이의 부재를 인정해야 한다고 하더래요. 그 말을 듣고 엄마가 응급실을 뛰쳐나와서 저를 찾아왔어요. "선생님, 가슴이 터질 것 같아요. 아무래도 제가 점점 미쳐가는 것 같아요." 그러면서 계속 울어요.

그래서 제가 그랬어요. "미치면 어때요. ○○가 갑자기 없어졌는데 ○○ 엄마가 잘 지내면 그게 엄마예요? ○○가 없는데 어떻게 잘 살 수 있어요. 그러면 ○○가 얼마나 섭섭하겠어요?" 그랬더니 엄마가 "그렇죠? 내가 미친 게 아니죠? 제가 엄마라서 그런 거죠?" 그러는 거예요. 그

말을 듣고 안심이 되었는지, 종일 울다 맥이 다 풀렸는지 그러고는 스르르 잠이 들더라고요. 울다 지쳐서 잠든 아기처럼 잠을 자요. 그 엄마를 옆으로 뉘었어요. '치유공간 이웃'의 상담실은 온돌이거든요. 울다 지쳐서 쓰러지는 엄마들이 많아서 보료도 깔아놓아요.

정신의학의 이론대로라면 저는 틀린 말을 한 거예요. 정상적인 애도의 과정이라면 아이가 없다는 걸 받아들이는 쪽으로 가이드를 했어야 합니다. 저는 오히려 반대로 했어요. 잊지 못하는 게 당연하다, 잘 지내지 못하는 게 당연하다, 계속 그래도 된다, 그게 엄마다, 그랬어요.

급작스러운 상실이라도 결국은 현실을 받아들여야 한다는 건 정신과 의사가 아니더라도 모든 사람이 다 알고 있는 사실입니다. 삶과 죽음에 대해 거의 모든 사람이 옳다고 믿고 있는 방향이고 신념일지도 몰라요. 그런데 오히려 그런 믿음이 피해자에게 심리적 폭력으로 작용할 수 있어요. 그걸 인정할 수 있어야 한다고 생각합니다. 그래야 이론과 지식의 폭력, 신념의 함정에서 벗어날 수 있어요. 그로부터 우리 자신을 보호할 수 있어요.

'그 엄마가 당장 못 받아들인다고 해도 그렇지, 그렇게 반대로 얘기해줘서 영 잘못되는 건 아닐까?' 그런 걱정이 드나요? 그건 불필요한 걱정이에요. 사람을 너무 단순하고 만만하게 보는 거예요. 제가 그렇게 얘기해준다고 해서 그 엄마가 '아, 내 아이의 부재를 인정하지 않고 평생 살아야겠구나' 하고 생각하지 않아요. 사람은 그렇게 어리석지 않습니다. 인정해야 한다는 건 그 엄마도 다 알고 있어요. 그래서 그렇게 노력해도 안 되는 자기가 그리도 부대꼈던 거예요. 이론대로, 교과서대로 밀어붙일 필요가 뭐 있어요. 알아도 안 되는 그 마음을 알아주고 받아주면 한 호흡 돌릴 수 있고, 그다음에 마음을 다시 추스르면 되잖아요. 그러면 자연히 그 방향으로 갈 수 있어요. 전문가들이 무장한 이론과 원칙, 그에 대한 확신이 상처입은 사람을 더 깊게 찌를 수 있다는 걸 인정하는 게 오히려 더 전문가다운 태도라고 저는 생각해요.

제가 아까 자기통제력이라는 말을 쓴 것도 그런 맥락

입니다. 정신적 공황 상태에 빠질 수밖에 없는 상황이 닥쳤는데 스스로도 자기가 이상해졌다고 규정해버리면 어떻게 살 수 있겠어요. 세상이 무너졌는데 나도 다 망가졌구나, 이렇게 느끼면 사람은 세상과 이어져 있는 끈을 다 놓게 될 수밖에 없어요. 감당할 수가 없으니까 결국엔 자기 삶마저 놓아버리는 거죠. 그래서 미쳐도 괜찮다, 미칠 수밖에 없는 상황에서는 미치는 게 정상적인 반응이다, 괜찮다, 당신이 엄마라서 그런 거다, 계속 그런 메시지를 주어야 해요. 내가 비정상이어서 이런 게 아니구나, 내가 엄마라서 이런 거구나, 미쳐도 되는구나, 지금 내 상황은 미칠 수밖에 없는 상황인 거구나, 그런 확인을 받아야만 자기 자신과 자기 상태에 대해서 비로소 이해받는 느낌이 들지 않겠어요? 그런 얘기를 들었다고 마음 놓고 미쳐버리는 것이 아니라, 그래야 비로소 안심할 수 있게 되는 거죠. 그런 토대가 생겨야 트라우마의 극심한 혼돈에서 조금씩 빠져나올 수 있고요. 전문가들이 말하는 '심리상담'을 비로소 제대로 시작할 수 있는 단계에 다다르는 거죠.

사람을
죽일 것
같아요

세월호 사고로 동생을 잃은 형이 있어요. 동생과 여덟 살이나 차이가 나는 형인데, 그 엄마가 어느날 찾아와서는 큰애가 너무 걱정이 된다고 고민을 털어놓는 거예요. 얘기를 들어봤더니 형이 사고 이후로 직장도 그만두고 친구도 안 만나고, 집 밖에도 안 나가고 하루 종일 먹지도 않고 수염을 아무렇게나 기르고서는 몇 사람 이름을 정확히 대면서 '그 인간들은 반드시 죽인다' 하고 매일 중얼거리는데 눈에서 살기가, 광기가 보인다는 거예요. 엄마가 너무 불안해서 '너 그러면 어떡하냐. 너까지 잘못되면 내가 어떻게 사냐. 같이 상담 한번 받으러 가자' 그러면 엄마도 상담 같은 쓸데없는 짓 하고 다니면 가만두지 않는다고,

아무 데도 못 나간다고 날카롭게 쏘아붙인다는 거예요. 엄마가 너무 두려워서 저를 찾아오셨어요. 막내도 잃었는데 이제는 큰애까지 잃게 생겼으니 어떡하면 좋으냐고요.

그 아이더러 상담하러 오라고 하면 당연히 안 오겠죠. 그래서 큰애한테 제 말을 전해달라고 했어요. 자기 얘기를 엄마가 아는 정신과 의사 선생님에게 전했더니 이렇게 얘기하더라고요. "네가 진짜 형이다. 동생을 그렇게 잃고 멀쩡히 직장 나가고 잘 지내면 형이냐. 그리고 누구누구 죽인다고 한 그 목표 언젠가는 꼭 이루길 바란다." 그렇게 전하라고 했어요. "걔 눈에 진짜 살기가 있는데 그런 얘길 해도 될까요?" 하고 걱정하시길래 괜찮으니까 저 믿고 한 번 해보라고 했어요. 그랬더니 얼마 있다가 엄마를 따라서 그 형이 상담을 하러 왔어요. 그게 사고 후 몇달 만에 처음으로 집 밖으로 나온 거래요.

제가 너무 반가워서 "네가 ○○ 형이구나. 너 진짜 좋은 형이다" 그랬어요. 그랬더니 그 아이가 갑자기 울컥하더니 자기는 진짜 나쁜 형이었다는 거예요. 그래서 "뭐가 그렇게 나빴니? 뭐가 그렇게 마음에 걸리니?" 물었더니 어렸을 때부터 막내한테 자기가 어떻게 했는지 울면서 얘기하기 시작하는 거예요. 어렸을 때 아빠가 안 계셔서, 어린 동생이 밖에서 놀림당하고 맞고 다닐까봐 자기가 일부러 동생에게 굉장히 엄하게 했대요. 그래서 자기는 잘해준 게 하나도 없는 나쁜 형이라는 거예요. 동생이 수학여행 가던 전날도 야근하느라고 늦게 와서 보니 동생이 자고 있어서 얼굴도 못 봤고, 다음날 동생이 수학여행 떠날 때도 늦게 일어나서 용돈도 못 줬다는 거예요. 그래서 자기는 진짜 나쁜 형이라는 거예요. 만난 첫날 거의 3시간을 그 형이 펑펑 울면서 얘기했어요. 그 아이는 그후로 상담을 몇번 더 했어요. 점점 집밖 출입도 하기 시작하더니 다시 직장도 구해서 다니고, 엄마가 시위하러 가면 옆에서 엄마를 보살피며 함께 다니기도 해요.

누군가를 죽이고 싶다는 생각처럼 사람 마음 중에는 명백히 병들었거나 바람직하지 않은 마음, 틀렸거나 비합리적인 마음이라는 게 있다고들 생각하죠. 정상적인 마음이란 건 그 반대쪽 마음일 거라 굳게 믿고 있고요. 그런 도식적인 지식에 대해서도 성찰해볼 필요가 있다고 생각합니다. 오랜 세월 정신의학이나 심리학은 사람 마음의 병리에 집중하는 학문이었어요. 이해할 수 없는 사람의 내면을 이해하고 해결하기 위해서 발달한 학문이니까요. 그러다보니 이런 학문을 공부하는 전문가들의 생각과 사람에 대한 태도도 그렇게 치우쳐가는 면이 있는 것 같아요.

세월호 유가족까지 가지 않더라도 우리 사회는 사회적·개인적 트라우마가 무척 많은 곳입니다. 자살하는 사람이 한해에 1만 5천명 정도라고 하니 그 가족과 친한 친구까지만 잡아도 매년 수만명의 사람들이 극심한 트라우마에 노출되는 셈입니다. 가정이나 학교, 직장에서도 심각한 폭력으로 트라우마를 겪는 사람이 많습니다. 성적인 폭력도 지천이고, 데이트를 하다가 심각한 트라우마를 겪는 경우도 많죠. 트라우마가 주변에 널려 있어요. 그럴 때 우리가 어떻게 해야 하는지, 그럴 때 상처입은 가까운 사람에게 도움이 되기 위해서 우리가 무엇을 알아야 하는지 생각해보는 것은 그래서 중요합니다. 그것이 우리가 사람 마음을 공부하는 이유이고 그것이 진짜 공부의 목적이어야 할 테니까요. 처음에 공부를 시작한 이유가 자격증을 손에 쥐는 것은 아니었을 텐데, 심리상담을 공부하는 많은 사람들의 목표가 자격증인 듯이 보이는 경우가 너무 많아요. 상담 대학이나 대학원의 과정도 직접적으로 거기에 맞춰져 있는 경우가 많고요. 공부라는 것이 무엇이고 이 학문과 이 방면의 공부에 관심을 가지기 시작한 본래의 목적이 무엇이었는지 잊지 않았으면 좋겠어요.

마음을
움직이는
마음

어떤 형제가 있습니다. 형은 대학생이고 동생은 고등학생인데, 동생이 학교에서 왕따를 당하다 투신자살을 했어요. 그런데 형의 반응이 이상해요. 동생이 그렇게 되었는데 한번도 울지 않고 마치 아무 일도 없었다는 듯이 덤덤하게 생활하는 거예요. 그래서 그 어머니가 걱정이 돼서 상담 중에 큰아들 얘기를 하니까 전문가가 이렇게 얘기했죠. 형이 울지 않는 건 심각한 문제가 있다는 신호다, 울지 않으면 큰일 난다. 그러니까 엄마가 겁이 덜컥 나서 큰아이한테 힘들면 울어야 된다더라, 자꾸 얘기를 했는데도 소용이 없었어요.

우연히 제가 그 아이를 만나게 됐어요. 엄마가 아이

를 데리고 와서 대신 상황을 이야기해주고 나가고 아이와 둘이 마주 앉았죠. 아이 얼굴을 봤더니 표정이 너무 불편해 보여요. 침울하게 고개를 푹 숙이고 있어요. 그래서 제가 "엄마한테 들었는데, 동생 보내고서 네가 울지 않았다고…… 그런데 괜찮아" 그랬어요. 그랬더니 걔가 저를 슬쩍 쳐다봐요. "큰 상처를 입고 바로 우는 사람도 있지만, 어떤 사람은 열흘 만에 울고 어떤 사람은 일년 만에 울어. 십년이 지나서 울기 시작하는 사람도 있어. 괜찮아. 사람마다 때가 다 달라. 꽃도 이른 봄에 피는 꽃이 있는가 하면 여름에 피는 꽃도 있고, 눈 내릴 때가 되어서야 피는 꽃도 있잖아. 시기가 있는 거야. 괜찮아." 그러니까 걔가 고개를 들어서 저를 쳐다봐요. 제가 물었어요. "너는 네가 나쁜 놈인 거 같지?" 그랬더니 애가 눈물이 핑 도는 거예요.

　동생을 그렇게 떠나보냈는데 눈물이 나오지 않았잖아요. 그럼 엄마가 걱정하기 전에 사실은 자기가 제일 먼저 당황하게 돼요. 내가 너무 매정한 걸까, 나는 냉혈한인걸까, 동생을 사랑하지 않았었나, 내게 싸이코패스 기질이 있는 건 혹시 아닐까, 여러 생각이 들지 않겠어요? 실제로 그런 마음이 있었던 거예요.

형이었던 이 아이는 동생과 같은 중학교, 고등학교를 다녔는데 공부를 굉장히 잘했어요. 그래서 동생이 형을 자랑스럽게 생각했었고 형을 잘 따랐는데, 자기는 공부하느라 바쁘다고 동생을 귀찮아했대요. 그런 얘기를 하면서 "제가 옛날부터 동생한테 잘못했어요. 제가 나쁜 놈인가봐요" 하면서 눈물을 주르륵 흘리는 거예요. "너 지금 우는구나. 안 운다더니 그렇지 않네" 하니까 더 펑펑 우는 거예요. 자기에 대해 안심이 되니까 긴장이 풀린 거죠.

트라우마가 있을 때 자기 마음을 털어놓아야 한다, 울어야 한다, 그게 정상이다 하는 것은 이제 모든 사람이 치유의 기본 상식처럼 알고 있는 사실이에요. 그런데 그보다 더 중요하게 우리가 알아야 하는 건, 사람은 모두 똑같지 않다는 당연한 진리예요. 치유의 이론이나 상식보다 더 우선하는 인간 자체에 대한 기본 진리를 간과한다면 어떤 이론이나 학문도 누군가에겐 칼이 될 수 있는 거죠.

아무리 빼어난 이론이라도 이론보다 먼저 사람의 마음에 주목하고 그 마음을 알아주는 것, 그것이 가장 근원적인 치유적 태도라 생각해요. 울어야 할 상황인데 울지 못하면서 생기는 복잡하고 초조한 마음, 자신에 대해 드는 이상한 생각들, 그런 것들을 알아주고 공감해줄 수 있어야 편안하게 울 수 있어요. 울어야 한다고, 안 우는 것은 정상적인 반응이 아니라고 채근하는 것보다 그것이 훨씬 더 중요합니다. 그 마음을 알아주면 저절로 울게 되어 있어요.

사람의 마음을 움직이는 것은 이론이 아닙니다. 굳이 말하자면 이론 너머의 이론이에요. 그런데 치유라는 것이 어떤 것이다, 언제 무엇을 어떻게 해야 한다, 그런 이론적인 틀 때문에 오히려 더 중요하고 더 필요한 도움을 주지 못하는 경우를 많이 접합니다. 어떤 면에서는 자신이 공부한 것 때문에 방해를 받는 거예요. 공부가 덫이 되는 거죠. 사람의 마음을 공부한 사람들, 그런 지식이 많은 사람들에게서 이런 현상이 더 많이 나타나는 것 같습니다.

주위에 보면 그런 사람이 있죠. 정신과 의사도 아니고 공부를 많이 한 사람도 아닌데 그 사람과 만나면 이상하게 편안해지고 마음도 가벼워져요. 그런 사람 주위에는 사람이 잘 모이고요. 제 주변에도 육십대쯤 되는 그런 아주머니가 계신데, 어려운 말 안 하지만 참 현명해요. 공감도 잘해주시고 너그러워요. 그런 사람들이 '타고난 치유자'라고 저는 느낍니다. '타고난'이라는 말 때문에 오해가 있을 수 있겠네요. 애초에 그렇게 타고나는 성품이나 기질이 있다는 말로요. 그건 아닙니다. '치유공간 이웃'에는 수십명의 자원활동가들이 있어요. 상담 전문가들이 아니라 그냥 엄마들입니다. 세월호 참사를 보면서 가만있으면 안 되겠다는 생각으로 나오는 분들이에요. 본인들 표현에 따르면 사회 문제에 처음으로 눈을 뜬 분들이죠.

이분들 중에도 제가 말하는 '타고난 치유자'들이 있어요. 한 이웃치유자(이웃에서는 자원활동가를 이렇게 불러요)는 처음 이웃에 들어왔을 때 유가족 부모들과 눈도 잘

못 마주치겠더래요. 그분들의 참담한 고통이 도저히 감당이 되지 않아서 눈을 마주치기가 두려웠던 거예요. 타인의 고통을 내 것으로 그대로 느끼는 엄청난 공감력의 소유자인 거지요. 그런 공감력은 치유에 가장 중요한 덕목입니다. 그래서 이분은 처음 몇달간 이웃에 와서 바닥 청소만 해야 했어요. 슬픈 눈빛이 감당이 안 돼서 그런 거죠.

그런데 제가 십여년간 여러 트라우마 현장에서 피해자들과 밀착해 있다보니 초기의 그런 공감이 여러가지 도전을 받게 된다는 사실을 알게 되었어요. 시간이 흐르면서 피해자들과 깊은 얘기를 나누고 인간적으로 더 가까워질수록 현장에 있는 전문가를 비롯한 여러 자원활동가들은 마음속에 갖가지 감정이 올라옵니다. 피해자들의 고통에는 여전히 깊이 공감하지만 그와는 별개로 피해자 개인의 어떤 행동이나 패턴, 스타일 등에서 거슬리는 부분이 생기는 거죠. 그러다보면 활동에 대해 회의도 들고, 피해자와 심각한 갈등이 생기기도 합니다. 서로 상처를 주고받기도 하고요. 감당하기 쉽지 않은 일이죠. 돕고 싶어 온

건데 내가 왜 이렇게 불편해할까, 피해자들에게 화가 나고 미운 마음이 생기는 걸 보면 나는 정말 나쁜 인간인 건 아닌가 싶은 거죠. 피해자의 어떤 모습이 내게 왜 이렇게 거슬리는 걸까, 힘들지만 그런 점검과 성찰을 끊임없이 할 수 있어야 해요. 그러면 안 된다고 막연히 규정짓거나 불편하다고 외면하면 안 됩니다.

우리는 모두 불완전한 인간이에요. 어떤 경우에도 어떤 인간에게도 전적으로 공감하고, 전적으로 이해하고 포용할 수 있는 사람은 세상에 존재하지 않아요. 그걸 알아야 하고, 그렇지 못한 나 자신도 비난하지 않아야 해요. 그러면서도 내가 왜 그런지 끊임없이 성찰해야 합니다. 그 과정이 없으면 누군가에게 도움을 주려고 시작한 일이 도움도 못 줄뿐더러 자신에게도 좋지 않은 경험으로 남게 됩니다. 그래서 결국엔 도움을 주러 왔다가 상처를 받고 현장을 떠나게 되는 거죠.

내가 불완전한 인간이라는 것을 일상에서 자각할 수 있고 끊임없이 자기를 성찰할 수 있는 심리적인 힘이 있

우리는 모두 불완전한 인간이에요.
어떤 경우에도 어떤 인간에게도 전적으로 공감하고,
전적으로 이해하고 포용할 수 있는 사람은 세상에 존재하지 않아요.

는 사람, 그것이 '타고난 치유자'입니다. 그것을 아는 것이 바로 공부가 시작되는 출발점이 아닐까 싶어요. 우리가 진짜 배워야 할 지식은 교과서에 적혀 있는 지식 자체가 아니라 '어떻게 해야 제대로 된 공부를 할 수 있을까'에 대한 것일 거예요.

현장에서
배우는
치유의 본질

　제가 트라우마 현장에서 십여년 동안 사람들을 만나고 활동하면서 배우고 깨닫게 된 경험칙들이 있습니다. 안산에 있는 '치유공간 이웃'에도 그런 경험들이 모두 적용되고 있어요. 그 이야기를 조금 해보겠습니다.

　'치유공간 이웃'이라고 하면 대개 상담 클리닉, 진료실 같은 곳을 상상해요. 그래서 이웃에 처음 오시는 분들은 좀 신기해하죠. 치유공간 이웃을 처음 만들 때 마음속에 그린 설계도는 '상담할 방이 있는 마을회관'이었습니다. 상처를 입은 사람들이 가장 편안하게 머무를 수 있는 곳이 되어야 한다는 생각에 상담실도 유가족들이 등을 기대고 앉아서 애기할 수 있도록 좌식으로 만들었어요. 유가족들이 상담하다보면 지칠 만큼 울 때가 많거든요. 어떤 때는 마치 내장이 쏟아질 듯이 울어요. 그러다보면 기력이 다 빠지니까 누워야 할 때도 있어요. 그러다 탈진해서 잠이 들기도 하고요. 그러면 저는 잠시 나갔다가 들어옵니다. 일어나면 추스르고 다시 얘기를 하기도 하죠. 그러려면 병원 진료실보다는 마을회관이라는 개념이 더 적절하다고 느낍니다.

한 마을에서 같은 학교에 다니던 아이 250명을 한꺼번에 잃었어요. 창자가 끊어지는 것 같은 통증을 느끼는 부모들이 그곳에 살고 있어요. 그 부모들을 품는 공간이 마을 안에 있는 마을회관 같은 곳이면 더 낫지 않겠어요? 갑자기 낯선 정신과 진료실에 데려가서 얘기하라고 하는 것보다 훨씬 쉽게 자기 속마음을 열 수 있지 않겠어요? 사람에 형식을 맞춰야지 형식에 사람을 맞출 필요가 없다고 생각해요. 평범한 일상이라면 형식에 마음을 맞출 수도 있겠지만, 몸과 마음이 모두 허물어져내리는 이들에게 어떻게 그렇게 해요. 그들의 마음에 형식을 맞추는 게 백번

맞죠.

'치유공간 이웃'의 공간 대부분은 함께 모여 밥을 먹는 마루와 부엌이 차지하고 있어요. 이웃에서는 늘 유가족들이 함께 밥을 먹습니다. 우리는 이걸 '치유밥상'이라고 불러요. 소반에다 하나하나 각상을 차리거든요. 요즘은 집에서도 각상을 쓰는 사람들이 많지 않죠. 초기에는 이웃에서 하루에 많게는 백여명이 밥을 먹었는데, 처음에 각상을 쓰기로 결정할 때 고민이 많았어요. 자원활동가들이 매일 그 많은 인원의 각상을 차려낼 수 있느냐, 식판으로 해야 지속 가능하지 않겠느냐는 논의가 있었죠. 그런데 이웃의 대표로 같이 일하고 있는 이명수 선생과 저 둘이서 각상을 고집했어요.

저희는 각상에 대한 치유적 확신이 있었습니다. 엄마 아빠들이 청운동에서, 광화문에서 차가운 길바닥에 앉아서 종일 농성하고 캡사이신 물대포도 맞고 찬 바닥에 앉아서 김밥 먹고 차가운 도시락 먹으면서 버티며 싸웠잖아요. 그런 사람들이 상담만 받는다고 상처에 새살이 돋고

자존감이 회복될 수 없습니다. 사람은 따스한 집밥을 오래 못 먹으면 심리적으로 안정될 수 없어요. 인간의 존재 자체에 대한 존중을 의미하는 것이 집밥이어서 그렇지요. 임금님 수라상 같은 화려한 밥상을 받았다고 감격의 눈물을 흘리는 경우는 많지 않아요. 하지만 소박하기 그지없는 따스한 밥상 앞에서 울컥했던 경험은 누구에게나 있습니다. 치유는 집밥 같은 것이에요.

이웃에서 밥은 단지 허기를 면하기 위한 것이 아닙니다. 한 사람 한 사람에게 개별적인 인간으로 존중받는 느낌을 전달하기 위한 가장 근본적인 도구입니다. 한 존재에 대한 주목, 인정, 존중을 전달하는 방법 중에 밥상만 한 것이 없다고 생각했어요. 그래서 각상을 준비한 거죠.

밥상에 올리는 식기도 어느 도예작가분이 하나하나 정성스럽게 만든 거예요. 그분이 별이 된 아이들을 생각하면서 하나하나 물레에 돌리고 기도하듯 가마에서 구운 그릇입니다. 그래서 처음엔 이웃에서 밥을 먹을 때마다 이 그릇이 어떻게 만든 그릇인지를 유가족들에게 일일이 설명해주곤 했어요. 세상에 이런 사람들도 있다는 걸 알게 되면 유가족들이 참사 이후에 세상과 사람들에게 가졌던 엄청난 불신에 조금씩 균열이 생깁니다. '보이지 않는 곳에 이런 사람도 있구나' 하는 경험은 상처에 새살이 돋는 데 중요한 계기가 됩니다. 이웃에선 그런 식기에 밥과 반찬을 담아 끼니마다 정성껏 각상을 차려 나눕니다.

참사 백몇십일 만에 처음으로 치유공간 이웃에 온 어떤 아빠가 밥상을 받고는 사고 후 처음으로 밥을 편안하게 넘겼다면서 눈물이 글썽하시더라고요. 그 모습을 보면서 밥을 차려주신 이웃치유자들도 함께 울었어요. 때론 상담 몇시간 하는 것보다 정성껏 밥을 차려내는 것이 상처입은 자존감을 더 빠르게 추슬러주고 세상에 대한 믿음을 가지게 해줄 수도 있습니다. 그래서 치유밥상입니다.

새살이
돋는
밥상

이웃에서 쓰는 그릇들은 가마에서 구운 것이라 공장에서 찍어내는 것보다 단단하지는 않습니다. 아이들을 위해서 기도하면서 만들어주신 그릇들이라 정말 정성껏 다루는데도 쓰다보면 간혹 이가 빠져요. 그렇지만 너무 귀한 그릇이라 함부로 버릴 수가 없죠. 그래서 어느날 깨진 그릇을 놓고 이웃치유자들과 회의를 한 끝에 그걸 살리기로 했습니다. 그림을 잘 그리는 이웃치유자가 이가 빠진 곳에다 사포질을 여러번 해서 그림을 그려넣고 유약을 발랐어요.

이웃이 치유공간이잖아요. 상처가 난 사람들이 치유를 받고 다른 삶을 살아가는 곳이죠. 그런 뜻을 살려서 상처난 그릇에도 숨결을 불어넣은 거죠. 그래서 이웃에서 함께 식사를 하다가 우연히 이 그릇을 받은 분이 있으면 박수도 쳐주고 '좋은 일이 있으려나봐요' '편안한 일 있으려나봐요' 그렇게 축복의 덕담을 건네기도 합니다. 깨진 그릇이 특별한 행운의 그릇이 되는 거지요. 그래서 이제는 그릇이 깨져도 괜찮습니다. 상처에서 새살이 돋는 특별한 그릇들이 많아지는 거니까요.

어떤 측면에서 이웃은 상담을 하고 밥상을 차리는 게 모든 것인 공간입니다. 정말 좋은 식재료를 써서 밥상을 차리고 그걸 많은 사람들이 함께 먹어요. 그런 사실이 알려지다보니까 전국 각지에서 쌀도 많이 보내주시고 제철 음식 같은 식재료도 많이 보내주세요. 그래서 쌀도 일년치 정도가 쌓여 있어요. 이 쌀을 우리는 군량미라고 부릅니다. 유가족들이 광화문에 나갔다가 물대포 맞고 들어온 날, 도보행진하고 지쳐서 들어온 날, 경찰하고 대치하다 갈비뼈가 부러진 날, 그런 날에는 엄마 아빠들에게 밥상을 차려주며 그래요. 여기서 잘 먹고 기운내서 또 나가

이웃에서 밥은 단지 허기를 면하기 위한 것이 아닙니다.
한 사람 한 사람에게 개별적인 인간으로 존중받는 느낌을
전달하기 위한 가장 근본적인 도구입니다.

자고요. 그러면서 환하게 울어요. 그래서 군량미라고 합니다. 이렇게 밥이 사람의 마음에 주는 울림, 치유적인 효과를 저는 현장에서 너무나 많이 느낍니다.

이웃의 치유밥상이 알려지면서 전국에서 반찬을 정성껏 보내주시는 분들이 많아요. 그러다보니까 이웃에는 여러가지 반찬이 꽤 많이 있어요. 그럼에도 이웃에는 사흘에 한번씩은 장을 봐야 한다는 내부 방침이 있습니다. 여기서 먹는 밥은 먼 곳에 살던 딸이 큰 병에 걸려서 친정에 왔을 때 친정엄마가 차려주는 밥 같은 거라고 생각해요. 그럴 때 친정엄마는 자기가 먹지도 못하면서 뱀탕이나 염소탕이라도 해 먹이잖아요. 먹고 기운 차리라고요. 있는 반찬으로, 있는 재료만으로 상을 차리지 않잖아요. 이웃의 밥상도 마찬가지인 거죠. 있는 반찬들이 아무리 좋아도 늘 새로 반찬을 합니다.

그럼에도 불구하고 처음 일년은 거의 매번 누룽지를 끓였어요. 유가족들이 거의 밥을 넘기질 못해서요. 그리고 어떤 때는 이웃치유자들이 정성껏 음식을 준비하니까 엄마들이 먹다가 죄책감을 느끼기도 합니다. '엄마라는 사람이 제 새끼를 떠나보내고 어떻게 밥이 맛있을 수가 있어' 하는 마음이 들어서 자기 자신에게 정나미가 떨어지는 거죠. 그래서 정성껏 음식을 하지만 지나치게 맛있게 하지는 말자고도 얘기합니다. 잡채나 월남쌈 같은 음식도 가능하면 안 해요. 잔치음식 같은 느낌이 들면 엄마들 마음이 불현듯 불편해지거나 슬퍼질 수 있으니까요. 아이가 좋아했던 음식을 보면 수저를 들기 어려운 게 엄마죠. 음식은 사랑하는 사람을 가장 많이 떠올리게 하는 매개체예요. 사랑하는 사람과의 행복했던 기억에는 늘 음식이 연결되어 있으니까요. 그래서 밥상에는 치유의 본질이 들어 있다고 저는 생각해요.

밥상을 둘러싼 유가족들의 미묘한 감정들을 일상에서 잘 감지해서 섬세하게 배려하고, 그것을 매개로 아이에 대해 더 깊고 다정하게 얘기할 수 있는 것. 이것이 이웃에서 이루어지는 치유의 한 장면입니다. 한끼 밥상을 통해서 내게 지금 훼손된 것이 무엇인지 자연스럽게 깨닫게 되고 나라는 존재에 대해서 본질적으로 다시 느끼게 하는 거지요.

집밥의 의미가 어떤 것인지 정신의학 교과서에 나오지는 않지만, 이건 우리가 상식적으로 이해할 수 있고 이미 알고 있는 것이기도 해요. 그러니까 치유라는 것은 조리사 자격증을 가진 사람이 차려내는 화려한 구첩반상이 아니라 병든 딸을 어떻게든 낫게 해보려고 최선을 다해 밥상을 차려내는 친정엄마의 집밥에 가까운 것입니다. 결국은 수라상이 아니라 엄마가 해준 집밥을 먹은 딸이 병을 훌훌 털고 일어서지 않겠어요?

뜨개질의
힘

이웃에서는 엄마들이 뜨개질을 열심히 합니다. 예전에 쌍용차 '와락'에서 해고자 아내들과 뜨개질을 하면서 여러 치유적 효과를 경험한 적이 있어서 이웃에서도 다시 시작했어요. 어떤 엄마는 작년 겨울에 목도리만 250개를 떴어요. 솜씨도 별로 없어서 직진만 해요. 그냥 목도리만 계속 뜨는 거예요. 그 목도리를 쭉 늘어놓고 보면 그 엄마의 고통, 슬픔, 그리움이 눈에 훤히 보이는 것 같아요.

그런데 이 뜨개질이 갖는 굉장한 효과가 있습니다. 엄마들에겐 가장 공포스러운 것이 아이들의 마지막 순간이 떠오르는 것이거든요. 그 생각이 들기 시작하면 거의 고문당하는 사람처럼 고통스러워서 정신을 차리지 못합니다.

아이가 마지막에 얼마나 무서웠을까, 얼마나 힘들었을까, 얼마나 엄마를 찾았을까, 그런 생각이 시도 때도 없이 떠오르는 거지요. 끊으려 해도 끊어지지 않는 생각이고 가장 고통스러운 생각입니다. 그런 순간에는 상담으로도 기도로도, 그 무엇으로도 고통이 다스려지지가 않아요. 그런데 희한하게도 뜨개질을 하다보니까 알게 된 것이, 뜨개질하는 동안은 아이의 마지막 순간에 대한 그 생각이 훨씬 덜 떠오른다는 거예요. 거의 무아지경으로 뜨개질에만 집중하게 되니까요. 고통을 조금이나마 덜게 되는 거죠.

우리가 보통 여인네들의 뜨개질이라고 하면 평화로운 모습을 떠올리잖아요. 그런데 이웃에서 엄마들이 뜨개질하는 걸 보면 무슨 돌진하는 전차부대 같아요. 심각한 얼굴을 하고 전투적인 손놀림으로 뜨거든요. 뜨개질이 엄마들에게는 앉아서 고통과 사투를 벌이는 일이라서 그런 것 같습니다.

몸짓과 표정에도 그게 나타나요. 밤에 잠을 못 자는 엄마들도 새벽 3, 4시까지 뜨개질을 하다 그 자리에서 픽

쓰러져서 겨우 몇시간이나마 눈을 붙인다고 해요. 특히 새벽녘에 아이 생각이 나기 시작하면 고통 때문에 정신을 차리기 힘들었는데 뜨개질 때문에 그나마 잠깐 눈이라도 붙일 수 있었다고 털어놓는 엄마들이 있습니다.

그래서 저는 엄마들이 뜨개질을 하는 걸 보면 이게 노벨의학상 감이라는 생각이 들곤 해요. 진통제나 신경안정제 같은 어떤 약도 작용과 함께 항상 부작용이 있게 마련이거든요. 그런데 뜨개질은 어떤 약보다 엄마들에게 진정, 진통 효과가 탁월한데 부작용이 전혀 없어요. 뛰어난 치료제죠.

이웃에서 엄마들 뜨개질하는 데 드는 실을 동대문에서 도매로 가져오는데, 지금까지 실값만 5천만원이 넘게 들었습니다. 엄마들이 엄청난 기세로 떠서 그렇지요. 처음에는 뜨개질 실값을 일년에 3백여만원 정도 책정해놓고 시작했는데 한달 만에 일년치 예상금액을 훌쩍 넘는 거예요. 그래서 깜짝 놀라서 회의를 했죠. 뜨개질에 들어가는 실값을 조금 줄이는 방안을 강구해야 하는 건 아닌가 하

이웃에서 엄마들이 뜨개질하는 걸 보면 무슨 돌진하는 전차부대 같아요.
뜨개질이 엄마들에게는 앉아서 고통과 사투를 벌이는 일이라서 그런 것 같습니다.

는 의견도 있었어요. 하지만 결론을 내리기를, 이건 실값이 아니라 약값이다, 사람이 중병에 걸렸는데 약값을 아끼느라고 약을 덜 쓸 수 있겠느냐, 약값이니까 우선은 제한 없이 써보자, 그렇게 결정했습니다. 이웃은 유가족들의 심리치유를 위한 치유공간이잖아요. 이웃의 예산 대부분은 실값과 밥값입니다. 나머지는 들어갈 데가 별로 없어요. 저와 이명수 대표도 그렇고 이웃치유자들 모두가 자원활동가들이니까요.

밥상이나 뜨개질처럼 우리 일상 속 도구들에 숨어 있는 치유적 요소를 더 효율적으로 극대화시키는 것, 그것이 상처입은 사람에게 가장 깊고 빠르게 스미는 치유제인 것 같아요. 현장에서 뼈저리게 느낀 사실입니다. 연구실에서 화학약품들을 섞어 만들어낸 약제가 아니라 내 집 마당에 울창하게 피어 있는 풀에서 발견한 약초 성분을 농축해서 만든 약제처럼요.

어떤 사람은 뜨개질이 상처를 외면하기 위한 도구가 아니냐고 할지도 몰라요. 일면 정확한 지적일 수 있어요.

치유라는 것은 아프더라도 상처를 직면하는 것에서 시작되니까요. 그럼에도 불구하고 그런 걱정은 도식적이거나 기계적인 생각일 수 있습니다. 사람이라는 것이 그렇게 기능적인 존재가 아니거든요. 성과나 목표만을 위해 설계된 알파고가 아니거든요.

엄마들이 뜨개질을 열심히 한다고 아이의 마지막 순간에 대한 생각을 완전히 피할 수 있을까요? 그 생각이 좀 덜 나고 더 편안해진다고 해서 엄마들이 '다행이다, 계속 이렇게 잊고 살아야지' 하고 생각할까요? 아닙니다. 그럴 수가 없어요. 엄마들이 뜨개질을 하다보면 통증을 덜 느껴서 열심히 하지만, 동시에 내가 아이를 너무 잊고 있는 건 아닌가, 내가 아이의 고통을 밀어놓으려 하는 건 아닌가, 내가 엄마 노릇을 제대로 못 하고 있는 건 아닌가, 끝없이 의심하고 갈등합니다. 사람이니까요.

투쟁을 열심히 하는 엄마들도 마찬가지입니다. 투쟁 현장에 나가고 연대하는 시민들을 만나서 아이 이야기를 하면서 위로를 받지만, 그래도 그게 다가 아니에요. 엄마들이 연대하는 시민들에게 정말 고맙습니다, 힘이 됩니다, 하고 돌아서면 내가 지금 뭐 하고 다니는 거지, 왜 내가 아이를 잃고 남들에게 계속 감사하며 살아야 하는 거지, 내가 아이 책상 앞에 한번 더 앉아 있고 추모공원에 한번 더 찾아가서 아이한테 못다 한 말을 해야 하는데, 내가 뭐 한다고 다른 사람들 만나고 돌아다니고 있나, 이러다가 내 아이 손을 완전히 놓치는 건 아닌가, 내가 잘못 가고 있는 것은 아닌가, 그런 생각을 계속 합니다. 다음에 또 집회나 간담회에 가야 하나 말아야 하나 끊임없이 갈등합니다. 그러면서 또 투쟁 현장에 나가고 연대하는 사람들에게 진심으로 고마워해요. 사람은 어떤 경우에도 단순한 존재일 수 없습니다. 보이는 것이 전부가 아닙니다.

제가 왜 이웃에서의 뜨개질이 노벨의학상 감이라고 생각하는지 더 자세하게 말해볼까요? 엄마들이 초반에는 고통을 이겨낼 힘이 너무 없습니다. 가만히 앉아 있던 사람 어깨 위로 갑자기 산이 무너져서 덮친 거나 마찬가지니까 옴짝달싹할 수 없는 상황인 거예요. 그러면 조금씩 힘을 내서 일어나야 하는데, 그러려면 힘도 키워야 하고 잠깐씩 기댈 벽도 필요하잖아요. 뜨개질이나 치유적 밥상이나 간담회나 상담은 모두 그럴 수 있도록 버티게 하고 조금씩 일어서게 도와주는 여러 방법 가운데 하나입니다. 그중에서도 뜨개질은 생각보다 무척 탁월한 방법이더라는 거죠. 이것이 유일무이하다는 것이 아니라요. 아직 발견하지 못했지만 더 탁월한 것이 있을 수 있어요.

뜨개질 자원봉사하시는 선생님이 한분은 육십대고 한분은 칠십대인 자매세요. 한분은 아들을 잃은 경험이 있으시고요. 이분들이 계속 이웃에 와서 엄마들에게 뜨개질을 가르쳐주고 도와주는 일을 하고 계십니다. 지난 연말에 어떤 엄마가 뜨개질 자원봉사하는 분께 "선생님 고마워요. 뜨개질이 없었으면 제가 지금까지 버틸 수 없었어요" 그러더라고요. 이분에게 뜨개질 선생님은 탁월한 치유자이셨던 거예요. 예상하고 의도한 바가 아니라도요.

상담을 할 수 있는 사람만 치유자가 아닙니다. 일상 속의 치유자들이 이렇게 존재합니다. 우리가 치유의 본질을 알면, 그래서 그것을 우리 일상의 한두조각들과 연결해낼 수 있으면 모든 사람은 누군가에게 치유자가 됩니다.

사람이라서
흔들립니다

치유공간 이웃에는 거의 이년 가까이 꾸준히 나오는 이웃치유자들이 50~60명 정도 있어요. 이웃에서는 분기별로 '이웃치유자 데이'라고 하는 시간을 갖습니다. 이웃치유자들이 한데 모여 그들만의 애로사항, 활동 중에 겪는 딜레마들에 대해 속마음을 꺼내놓고 집단으로 치유하는 시간입니다. 누군가를 돕는 사람도 사람이니까 지치지요. 상처입은 피해자들과 심리적으로 가깝다보니까 더 깊이 공감하게 되고 그래서 더 많이 힘들어요.

세월호의 아픔에 연대하는 많은 분들이 있잖아요. 시민운동가들, 자원봉사에 나선 시민들, 종교인들도 있고요. 그런데 시간이 지나면서 많은 분들이 아픕니다. 성직자들도 예외가 아니에요. 늘 낮은 곳에서 어려운 사람들과 함께 살아왔고 죽음에 대해서도 신앙인으로서 무장이 남다른 분들인데도 그런 경우가 많아요. 성직자 이전에 개별적인 인간이니까요. 그러니 다른 사람들은 어떻겠어요.

'이웃치유자 데이'는 그래서 마련하는 자리입니다. 다 모인 자리에서 "요즘에 잠 못 자는 사람, 분노조절 안 되는 사람 많죠? 소화 안 되는 사람 많죠? 하나씩 말해보세요" 그러면 거의 종합병동 수준이에요. 그걸 인정하고 그런 것들도 다 드러내고 서로 보듬어요. 그래도 버티기 힘들 때가 있어요. 그러면 당분간 2진이나 1.5진쯤으로 빠져 계시라고 합니다. 추스르고 나서 그때 다시 1진 하면 되니까요.

유가족들도 마찬가지예요. 같이 울어주고 손잡아주는 사람들이 고맙다가도 어떨 때는 그 사람들이 보기 싫어지기도 해요. '나는 맨날 사람들 만나서 울기만 하고 사람들이 나만 보면 슬퍼하고 위로하고, 내가 왜 계속 이러고 살아야 되는 거야? 어쩌다 내 삶이 이렇게 됐어?' 하는 마음이 들어서 다 싫어지고 도망가고 싶어지기도 해요. 또 한동안 그러다보면 다시 죄책감이 들기도 하죠. 내가 엄마가 맞나 의심하기도 하고요. 그럴 때 서로의 그런 속마음을 나누다보면 나만 그런 게 아니구나, 나도 유가족이기 전에 한 인간이지, 그래서 그럴 수 있는 거지, 하고 안심할 수 있고 잠시 뒤로 빠져서 편히 마음을 추스를 수 있습니다. 그래야 오래 버틸 수 있어요.

우리는 모두 사람이니까 그럴 수밖에 없습니다. 사람 마음속에는 서로 모순된 여러 감정들이 동시에 있을 수 있어요. 내가 어떤 상황에 처하든 어떤 위치에 있든 심리적·육체적으로 한계가 있는 사람이라는 것을 잊으면 안 되죠.

내 생활이 힘들어지면 외면하고 싶고 밝은 쪽만 보고 싶고, 그러면서도 미안한 마음이 듭니다. 당연해요. 공감하고 연대하는 사람들은 그렇지 않은 사람보다 타인의 고통에 대한 감정이입의 정도가 높은 사람들이잖아요. 다른 사람의 아픔이 거기서 끝나지 않고 자신에게까지 흘러들어오는 사람들이죠. 많이 아픈 사람, 죄의식을 많이 갖는 사람, 미안해하는 사람이야말로 다른 사람의 고통에 깊이 공감하는 사람입니다. 잘못이 많은 사람, 죄를 지은 사람, 외면하는 사람이 아니라요. 그래서 더 힘들어하고 외면하고 싶은 마음이 드는 거예요. 아파야 할 사람, 정작 책임을 져야 할 사람은 안 아프잖아요. 타인의 고통에 공감하고 감정이입하지 못해서 아프지 않고 죄의식을 느끼지 않는 거죠.

그래서 그런 갈등을 털어놓고 나면 또 내 고통은 유가족들의 고통에 비하면 아무것도 아닌데 내가 엄살을 부린다는 자책감이 들면서 괴로워지기도 하죠. 그런 갈등과 딜레마를 유지하면서 함께하는 것이 오히려 건강한 거예요. 제대로 된 사람이라서 그런 겁니다. 남들보다 공감을 잘한다는 증거예요.

건강한 갈등과 모순을 견뎌야 오래 공감하고 함께할 수 있습니다. '사회가 지금 이렇게 아픈데 어떻게 나 하나만 돌볼 수 있겠어, 지금 내 삶은 좀 희생해야지' 그러면

길게 가지 못할 가능성이 더 높습니다. 실제로 그런 사람들을 많이 봐왔어요. 심리적 공익근무만으로 오래 버티기는 어렵습니다. 개인적인 욕구와 욕망을 완전히 탈색하고 살 수 있는 인간은 없으니까요.

저는 사실 집까지 안산으로 옮겨가며 세월호 트라우마 현장에 뛰어들었지만 희생적, 헌신적이라는 말을 들을 만큼은 아니라고 생각해요. 겉으로 드러내진 않았지만 마음속으로는 끊임없이 거리 조절을 했습니다. 저도 지칠 수 있고 아플 수 있고, 그러면 오래 활동하기 어려우니까요. 내가 조금 더 오래 버티는 편이 좋을 것 같아서 끊임없이 나를 챙기면서 나름 이기적이라고 할 정도로 자기보호를 합니다. 이웃의 이명수 대표와 저는 부부로서 둘의 개인적인 시간을 언제든지 놓치지 않아요. 어떤 상황에서든 그것부터 확보해요. 그게 어디서든 일순위예요.

쌍용차 해고노동자들을 상담할 때도 그랬어요. 광주 트라우마센터에서 상담할 때는 당일에 광주 왕복을 해야 해서 비행기를 주로 이용했어요. 그때마다 저는 꼭 프레스티지석을 끊어요. 몇만원 차이 안 납니다. 거리도 얼마 안 되니까 일반석 탈 수도 있어요. 그런데 그렇게 충분히 쉬면서 다니지 않으면 지칩니다. 하루에 상담을 6~7시간씩 하고 나면 소진되는 느낌이 들어요. 그때 나를 보호하지 않으면 후유증이 길거든요. 그렇게 자기보호에 열심이었어도 허리에 이상이 와서 오랫동안 고생하고 있어요. '어려운 사람, 아픈 사람들을 만나러 간다면서 사치스럽게 프레스티지석을 타고 다녀?' 하고 누가 곱지 않은 눈으로 볼지도 모르지만 그런 거 신경쓰기 싫어요. 안산으로 거처를 옮길 때 눈치가 보여도 숙소에 정수기도 들여놨고, 전동칫솔도 사서 들어갔어요. 한두달 있을 것도 아닌데 임시 막사처럼 하고 있으면 오래 못 있잖아요.

개별적 존재로서의 한 사람의 삶과 사회적인 연대를 하는 공익적 삶 사이의 갈등은 반드시 있어야 한다고 생각해요. 그건 건강한 갈등이라고 생각합니다. 저도 끊임없이 갈등합니다. 우리 부부가 트라우마 현장에서 매일 얘기하는 것도 대부분은 결국 그 문제예요. 줄타기하는 광대를 멀리서 보면 여유롭게 줄 위에 서 있는 것 같지만, 가까이 가서 보면 한손에 쥘부채를 들고 끊임없이 중심을 잡고 있는 거잖아요. 끊임없이 흔들리기 때문에 떨어지지 않고 정물처럼 서 있는 거죠. 옆에서 보는 분들은 제가 참혹한 현장의 특성과는 달리 여유롭고 편안해 보이는 모양이에요. 그렇게 봐주셔서 다행이긴 해요. 제가 불안해 보이면 안 되니까. 그런데 저는 이런 현장에서 갈등 없이 안정적인 상태라면 그게 더 위험하다고 봐요. 그러면 곧 줄 아래로 떨어질 운명인 거니까요.

이론이
아닌
진짜 공부를

지금까지 제가 말씀드린 현장에서의 경험이 다른 전문가들이 보기에는 정통적인 방식의 치유가 아니고 제대로 된 치유가 아니라고 문제를 제기할지도 모릅니다. 하지만 저는 십년 동안 피해자들과 현장에서 만나면서 밥상이나 뜨개질처럼 우리 일상의 한 부분을 매개로 치유의 핵심 요소를 실어나르는 일들이 탁월한 치유적 힘이 있다고 느꼈습니다.

이소룡이 창안한 절권도라는 무술이 있습니다. 그전까지의 무술이 품세의 아름다움을 중시하는 무술이었다면 절권도는 무엇보다 실제 싸움에서 이기는 것을 우선하는 무술이라고 들었어요. 아름다운 품세도 없습니다. 파괴력 자체를 중시하니까 거품이 없어요. 싸움에서 필요한 건 본질적인 파괴력이니까요.

치유도 마찬가지입니다. 치유를 공부하는 건 치유가 필요한 사람에게 도움을 주기 위해서입니다. 그러니까 화려한 지식이나 버젓한 자격증이 아니라 필요한 사람에게 꼭 필요한 도움을 줄 수 있어야만 제대로 된 공부라는 거죠. 사람을 살리는 데 필요한 것이 무엇인지 정확히 아는 것, 그걸 제대로 아는 것이 사람 마음에 대한 공부의 본질이라고 생각합니다. 위급한 재난 현장에서는 더 그렇죠. 그래서 저는 품세보다 파괴력에 집중하는 절권도 같은 치유가 필요하다고 생각해요. 그렇다면 그것은 어떤 형태, 어떤 내용의 치유여야 할 것인지 알아야겠죠. 그게 사람의 마음에 대한 공부의 중심에 있어야 한다고 저는 생각합니다.

제가 재작년 세월호 참사 이후 5월에 안산으로 거처를 옮겼는데, 그러면서 양평에 있는 집을 오랫동안 비우게 될 것 같고 우리 부부에게도 큰 변화여서 함께 쓰는 서

재를 정리했어요. 그때 집에 있던 정신의학 전공서적들을 다 치웠습니다. 지금 저희 집 서재에는 시집, 소설, 수필집 같은 책들밖에 없어요. 제가 이십육년여 동안 정신과 의사로 현장에서 사람들과 부딪치고 뒹굴면서 사는 문제들과 씨름하다보니 그간 배운 이론과 틀들을 이제는 넘어서야 할 때가 되지 않았나 싶더라고요.

제가 사십대 중반 어느날 트위터에다 올린 글이 있어요. 지금까지 진료실에서 만난 모든 사람들에게 미안하다고요. 그전까지 병원 진료실에서만 상담을 하다가 현장에서 많은 사람들을 만나기 시작한 때였거든요. 그러면서 정신과 의사로서의 자의식 때문에 많이 힘들었어요. 그때까지는 병원 진료실에서만 사람을 만나왔는데, 그동안 내가 과연 그들에게 제대로 된 도움을 줬다고 할 수 있을까, 내가 배운 지식을 은연중에 그들에게 강요한 것은 아니었을까 하는 총체적인 고민들을 하기 시작한 거죠. 내가 지금 삶의 현장에서 만나는 사람들에게 그간 의과대학 교육과 전문의 수련과정, 대학병원 시스템에서 배우고 익힌

공부와 경험들, 그를 기반으로 한 전문가 자격증이 과연
무슨 의미가 있는지 치열하게 생각할 수밖에 없었으니까
요. 고백하자면, 저에게 진짜 공부는 그때부터 새로 시작
된 것 같아요. 어쩌면 그때부터 저는 진정한 치유자로 거
듭나기 시작한 것인지도 모르겠습니다.

묻고 답하기

세월호 유가족들에게 도움이 되고 싶은데,
추모집회에 나가거나 리본을 달거나 하는 일이
실제로 무슨 도움이 될지 회의가 듭니다.

그런 생각 하시는 분들이 무척 많을 것 같아요. 그분
들에게 제가 들려드리고 싶은 이야기가 있습니다.

세월호 희생학생의 오빠가 죽을 만큼 힘든 날들을 보
내고 있었어요. 그러다 이 아이가 전철을 타고 가던 중에
가방에 세월호 리본을 단 학생을 봤대요. 그런데 그 순간
'세상이 다 잊은 건 아니구나', 그런 생각이 들었대요. 그
때부터 살 수 있겠다는 생각이 들었다고요.

죽음이 두려운 것은 완벽한 잊힘 때문이기도 합니다.
억울한 죽음일 때는 더하지요. 그러니 내 고통을 누군가
가 알고 있다는 느낌, 내가 거대한 고통 속에 홀로 매몰되
어 있는 것이 아니라는 느낌은 피해자를 살게 하는 근본

적인 힘입니다. 쌍용차 해고노동자들이 평택에 있을 때는 고립되었다는 느낌 때문에 힘들었는데, 대한문에 분향소를 차려놓고 농성하면서 수많은 시민들이 들러주고 분향을 해주는 것을 보고는 살 힘을 얻었다고 해요. 그것과 마찬가집니다.

아무도 모른다, 홀로 고립되었다, 내 고통을 세상은 다 잊었다는 느낌은 사회적 트라우마의 피해자들에게는 치명적이에요. 그래서 삶의 끈을 놓는 거죠. 죽음을 선택하는 겁니다. 우리는 연결되어 있다, 당신의 고통을 나도 알고 있다는 신호를 보내는 일은 어떤 방식이든 사람 목숨을 구하는 일이에요. 추모집회에 머릿수를 보태는 일, 노란 리본을 다는 일, 유가족 간담회에 참석하는 일, 세월호 관련 글이나 기사에 댓글로 공감의 마음을 표현하는 일, 이 모든 것이 치유적 행위이고 사람 목숨을 살리는 일입니다. 과장이 아닙니다. 지금까지 이런 일을 한 모든 사람은 치유자예요. 이런 치유자들이 모여서 사회적 트라우마를 겪는 피해자를 살리는 겁니다.

어느 희생학생 엄마가 페이스북에 이런 글을 올린 적이 있습니다. 외출했다 돌아오는 길에 하굣길 학생들과 마주쳤던가봐요. "거리에 교복 입은 학생들이 쫙 깔렸다. 오는 길에 야채를 사서 양손에 들고 오는데 더 무겁게 느껴져 발길이 더뎌졌다. 힘들어 죽겠다 하는 순간이었다. 그때 어느 여학생이 존나, 씨바, 빙신새끼가 어쩌고저쩌고, 열받아하며 지나가는데 여학생 가방에 리본이 달랑달랑. 그걸 보는 순간 내 마음이 이 여학생 편에 선다. 그래, 어떤 ××가 이쁜 너를 열받게 했을까. 나도 우리 아들 보고픈 거 삭히느라 가슴이 열이 나 숯덩이 된단다. 휴~"

힘들어 죽겠다, 하는 순간에 그 엄마를 부축한 것은 여학생 가방에 달린 노란 리본이었습니다. 이 엄마 눈에 그 노란 리본은 작은 리본이 아니었을 거예요. 방석만큼이나 크고 묵직하게 보였을 거예요. 이때 노란 리본은 물에 빠져 허우적대는 사람에게 던진 노란 구명 튜브 같은 것입니다. 그때 이 엄마에겐 눈살을 찌푸리게 할 만한 욕설을 해댄다고 해도 노란 리본을 달았던 아이가 예쁜 아이인 거지요. 이 엄마가 입이 건 여학생에게 글 마지막에 자기 아픔을 말하잖아요. 여학생이 '공감자'라는 걸 의심하지 않는 거죠. 그래서 마음을 열고 말을 걸고 있잖아요.

노란 리본의 존재감, 영향력은 세월호 유가족들에게는 이렇게 강력한 겁니다. 아무리 예의바르고 공손한 말씨를 쓰는 아이라도 그 순간에 유가족 엄마에게는 아무런 존재감도, 어떤 도움도 줄 수 없어. 사람은 좋은데 손기술이 모자라는 외과 의사와 성질은 나빠도 손기술이 뛰어난 외과 의사, 이렇게 둘이 있다면 수술받는 환자 입장에선 후자의 의사가 더 좋은 의사이지 않겠어요? 공손한 아이보다 노란 리본을 단 아이가 이 엄마에겐 더 탁월한 치유자였던 거죠. 나는 당신의 고통을 기억하고 있다는 상징, 표시, 그것 없이 사람을 구할 수 없어요. 노란 리본은 그런 상징물입니다. 꼭 달아주세요. 그 순간 우리는 모두 치유자가 돼요.

세월호 참사를 비롯해 상처를 입은 사람들에게
악의적으로 또다른 상처를 주는 사람들이 적지 않습니다.
그 사람들을 어떻게 대해야 할까요?

트라우마 피해자를 '상처입은 사람'으로 보기보다
'정치적 존재'로 바라보면서 생긴 현상입니다. 피해자를
'정치적 존재'라는 프레임에 집어넣어서 이득을 보는 집
단에서 적극적으로 만들어낸 현상이죠. 그런 논리를 적극
전파한 언론과 일부 개신교 목사들, 그에 휘둘려 본의 아
니게 사악한 존재가 된 개인들의 합작품입니다.

저도 가끔 택시를 타고 가다가 기사분에게 망언에 가
까운 얘기를 듣는 경우가 있어요. 처음에는 화가 나서 중
간에 내린 적도 있지만, 어느 때부터는 그분에게 얘기를
합니다. 정치적 맥락의 이야기에는 반박하지도 않아요. 언
급조차 하지 않고요. 다만 유가족 엄마들이 지금 어떤 마

음인지, 어떤 생각들을 하고 있는지, 그 형제자매들이 어떤 시간을 보내고 있는지, 희생학생이 사고 전에 엄마 아빠에게 어떤 아이였는지 등에 대해서 얘기합니다.

그러면 한 사람도 빠짐없이 사과를 하더라고요. 머쓱해하면서요. 어떤 기사분은 택시 요금을 안 받겠다며 그냥 내리라고도 하고요. 하루 종일 종편이나 라디오에서 나오는 이상한 얘기들만 들으면서 피해자를 상처입은 한 '인간'으로 보지 못하고 자신도 모르게 '정치적 존재'로만 바라보고 있었던 거죠. 그러다 '아, 그 사람들이 우리 이웃이었지, 엄마이고 아빠였지' 하는 느낌이 들면 자신도 자연스럽게 '사람'으로 돌아오는 거예요. 사람이라면 어떻게 그런 처지에 있는 사람을 비난할 수 있겠어요. 막말하는 사람들은 자기도 모르게 '사람'에서 '정치적 동물'로 전락했던 거죠.

한 사회의 품격은 그 사회의 사람들이 고통을 대하는 태도를 통해서 알 수 있다고 합니다. 이웃이 겪고 있는 고통에 우리는 어떤 태도를 취하고 있나요? 우리 사회의 품격은 어떠한가요? 타인의 고통을 마치 자기가 당한 일처럼 아파하고 공감하는 사람들을 저는 사실 더 많이 봐왔습니다. 참사 초기 팽목항에 넘쳐나던 자원활동가들, 팽목항과 안산을 오가며 유가족을 실어나르던 안산의 택시기사들, 안산으로 달려왔던 많은 자원활동가들과 이웃의 고통에 발 벗고 나선 안산 시민들, 이분들 중에는 이년이 넘도록 지속적으로 활동하고 계신 분들이 많습니다. 그간 잘 알려지지 않았지만 헌신적으로 연대했던 단원고 교사들, 장학사들, 안산 지역의 교사들도 무척 많습니다.

사실 그간의 어떤 사회적 트라우마 현장보다 세월호 참사에 대해서는 이런 공감과 연대가 넓고 깊었다고 저는 느꼈습니다. 전국민이 세월호가 침몰하는 과정을 생중계로 지켜보면서 큰 충격과 상처를 받았으니까요. 먼 곳으로 파병된 군인에게 일어난 일이 아니라 우리 모두가 갔거나 갈 예정인 수학여행 중에 일어난 일이잖아요. 온 국민이 바로 내 일이라고 느끼지 않을 수 없는 일이었어요. 그래서 모두가 충격을 받았습니다. 그야말로 국민적 트라

우마인 거죠. 그래서 거의 모든 이들이 그 고통에 공감할

수 있었다고 생각해요.

Q

현장에서의 경험이 중요하다는 말씀에 크게 공감하지만,
누구나 현장을 직접 경험하기는 어려운 것이 사실입니다.
직접 경험하지 않고도 진짜 공부를 찾을 수 있는 방법은 없을까요?

제가 말하는 현장은 '삶'이나 '일상'의 다른 표현이에요. 우리는 모두 삶을 살고 있잖아요. 하루하루 일상 속에서 사람들과 만나고 부딪치고 있잖아요. 그게 현장이지 현장이 따로 있는 게 아니에요. 삶과 일상에 깊숙이 발을 딛고 살며 느끼고 생각하고 고민하는 과정이 사람과 사람 마음에 대한 진짜 공부라고 생각합니다. 거기서부터 진짜 공부가 시작된다고 느껴요.

그런데 공부를 많이 한 사람 혹은 공부만 많이 하는 사람들은 이론적인 틀을 중심으로 사람과 사람살이를 분석하고 규정하는 경향이 있습니다. 이론을 중심으로 세상을 보는 거죠. 진짜 앎에서 멀어지는 지름길입니다. 말씀드렸듯이 그런 시각은 때로는 사람에게 심리적인 폭력이 되기도 해요. 한 인간의 개별성에 대한 집중이나 주목을 방해하니까요. 있는 그대로의 한 사람을 입체적이고 개별적으로 보려 하지 않고 심리학의 어떤 유형, 어떤 틀로 규정해버리기 쉬워요.

사람 마음에 대한 진짜 공부를 원한다면 우선 자격증에 대한 이상화가 없어야 한다고 생각합니다. 그래야 진짜 공부로 들어가는 문이 열려요. 사실 자격증을 가진 많은 사람들이 현장에서 별로 도움이 되지 못하는 것은 상당 부분 이런 자격증 중시 문화와 관련이 있습니다. 자격증이나 학위, 자기 실력에 대한 과도한 동일시가 있는 거죠.

우리나라에서 심리상담과 관련한 학위를 취득하기 위해서는 많은 시간과 비용이 필요합니다. 학위를 취득한 후에도 별도의 수련 기간이 따로 있고요. 그 끝에 얻는 것이 관련 자격증입니다. 그런데 자격증이 있어도 직업적 전망이 매우 암울한 수준인 게 우리나라의 현실입니다. 손에 잡히는 뚜렷한 열매가 없는 길을 다른 분야보다 더 오래, 더 많은 비용을 들이며 공부하다보니 자기가 가진 자격증에 대한 과도한 의미부여가 일어나는 것 같기도 해요. 그래서 그 학문이나 이론에 대한 보수화 경향이 더 강하지 않나 싶어요. 그러니 거기서 벗어나는 것에 매우 심하게 저항할 수밖에요. 그러다보니 내 앞에 있는 '사람'보다 내가 한 공부, 내 자격증의 효용성 자체에 더 많이 몰두하기 쉽습니다. 내 앞에서 살아 움직이는 사람에 대한 생생하고 뜨거운 집중과 주목 없이 그 사람을 이해하고 공감하고 치유할 수 있는 방법은 어디에도 없어요.

전문가 집단에서는 이견이 있을 수도 있는 이야기입니다. 그럼에도 조심스럽게 말을 꺼내는 건 그동안 현장에서 이런 모습들을 너무 많이 접했고 그러면서 깨달은 경험칙이기 때문이에요. 그래서 진짜 공부가 하고 싶다면 너무 고생스럽게 학위를 따는 건 하지 마시라고 말하고 싶어요. 그게 의미없다는 게 아니고 자격증에만 매몰되지 말라는 겁니다. 지금까지 고생한 것이 너무 아까워서 그에 대한 합리적인 비판도 용납하지 못하는 경우를 많이 봐왔습니다. 학문과 학위에 대한 이상화 또는 불필요한 거품을 걷어낼 수 있다면 진짜 공부에 접근하는 것이 더 수월할 거라 생각합니다.

Q

현장에서 자격증이 무용지물인 경우가 많다고 말씀해주셨지만,
심리적인 문제에서는 전문가가 꼭 필요한 영역이나
상황도 있지 않을까요?

물론이에요. 그런 영역, 그런 상황이 분명히 있지요. 이해를 돕기 위해 편의상 '치료'와 '치유'로 나눠서 설명해볼게요. 전문지식을 바탕으로 한 정신의학적 처치가 꼭 필요한 질환이 있죠. 그런 질환에 대한 의료적 처치와 개입을 '치료'라 할 수 있습니다. 예를 들어 망상이나 환청이 있는 조현병 환자라면 전문의의 의학적 치료가 꼭 필요하죠. 망상을 가진 사람에게 그것에 대해 아무리 친절하게 구체적으로 설명하고 끈기있게 설득을 해도 망상이 줄어들지 않습니다. 그런데 약물치료를 하면 망상이 줄어요. 조현병은 명백한 질병이에요. 정신의학적 '치료'가 필요한 영역입니다.

그런데 현대인들은 이렇게 명백한 질환까지는 아니더라도 일상에서 수많은 심리적 곤란과 불편함을 겪고 그 때문에 고통을 당하며 살아요. 누구라도요. 부모 자식 사이나 부부 사이, 상사 부하 사이나 선후배 사이, 친구 사이에서 끊임없이 갈등을 겪습니다. 이렇듯 사람 관계에서 겪는 스트레스는 현대인들에게는 삶의 일부가 되었어요. 특별한 질환도 아니고 특정한 소수의 사람들만 겪는 일도 아닙니다. 거의 모든 사람이 겪는 일상사예요. 현대인 모두가 겪는 이런 문제를 '질환'이라고 한다면 모든 인간은 정신질환자일 수밖에 없죠. 실제로 그런 식으로 얘기하는 사람들도 있어요. 그런데 모든 인간이 비정상이라면 비정상의 정의가 잘못된 것 아닐까요? 지금이 비정상에 대한 정의와 기준을 다시 생각해야 할 시점인지도 모르죠.

거의 모든 현대인들이 일상에서 겪는 사람 스트레스는 '치료'의 영역이 아닌 '치유'의 영역이라고 할 수 있습니다. 모든 인간이 치유자라고 했던 제 말은 이 영역에서는 모든 사람이 발휘할 수 있는 치유적 힘, 심리적 내공이 있다는 뜻이에요. 모든 인간이 치료자일 수는 없지만 조금만 노력하면 모든 인간이 치유자가 될 수는 있습니다.

예를 들어, 특수한 대사장애를 겪는 사람에게는 매 끼니 특별한 치료식단이 필요해요. 이런 질병을 가진 경우라면 전문의의 도움이 필요하죠. 그런데 독감이 걸렸을 때 먹으면 좋은 음식이라든지 요즘은 흔한 가벼운 당뇨병에 걸렸을 때 필요한 식단이라면 특별히 전문가에게 묻지 않아도 얼마든지 알 수 있어요. 이런 상황에 처한 자신을 보호할 수 있는 식단을 스스로 찾고 일상에서 해결할 수 있고요. 우리가 일상에서 흔히 접하는 심리적 갈등과 고통도 독감이나 가벼운 당뇨병과 비슷한 것일 수 있다는 거지요. 이런 경우가 치료의 영역이 아닌 치유의 영역입니다. 독감에 걸렸다고 해서 그때마다 전문의의 진료실 앞에서 무기력하게 기다리고 있을 필요는 없잖아요. 자체적으로 해결 방법을 알 수 있고 대처할 수 있으니까요. 일상에서 반복적으로 만날 수밖에 없는 삶의 일반적인 문제에 해당하니까요. 내 일상, 내 일거수일투족을 특수 전문가 집단에 의지할 순 없죠.

사랑하는 사람을 갑자기 잃는 경우가 있습니다. 내가 아니라도 가족이나 지인 중에도 얼마든지 있을 수 있는 삶의 문제예요. 일종의 트라우마죠. 그러나 트라우마도 특수한 정신질환이 아니라 우리 삶의 문제입니다. 일상에서 누구든 접할 수 있는 삶의 한 과정이죠. 이런 일을 겪은 주위 사람을 돕는 것을 특수 전문가에게만 맡기는 것은 과도한 '일상의 외주화'가 아닐까요? 내 일상의 주도권을 전문가에게 넘겨버리는 일이라는 거죠. 물론 전문가가 알려주는 꼭 알아야 할 주의사항들이 있을 수 있습니다. 하지만 그것을 잘 숙지한 다음에는 고통받는 사람의 곁에 있는 사람들이 가능한 한 그것을 일상에서 지속적·반복적으로 실천할 수 있어야 고통받는 이의 상처가 치유될 수 있습니다. 그런 일들이 바로 치유의 영역입니다.

우리 삶의 많은 영역에서 일상의 외주화가 일어난다면 일상을 영위하는 우리의 기능들은 서서히 마비될 수밖에 없어요. 퇴화하는 거죠. 우리는 점점 더 무기력해지고,

그럴수록 더 불안해질 거고요. 전문가만 찾다가는 내 삶이 어느새 온몸에 의료기구를 주렁주렁 매단 중환자실 환자 같은 삶이 될지도 모릅니다.

학위나 자격증이 주는 안정감에 끌려서 시작하는 공부는 외형으로서의 공부입니다. 그런 공부에 몰두하다보면 나도 모르는 사이에 거품이 잔뜩 낀 전문가주의에 빠질 가능성이 높아집니다. 깊이 성찰해봐야 할 문제라고 생각해요. 그 성찰의 끝자락에서 학위나 자격증에 대한 이상화·절대화 같은 뻣뻣한 생각에서 자유로워지면 좋겠어요. 그래야 사람 마음에 대한 진짜 공부에 몰입할 수 있게 되고, 무기력하지 않은 진짜 지식의 짜릿한 맛을 볼 수 있을 거예요.

주변에 사고를 당해서 트라우마를 겪는 사람이 있는데
어떻게 대해야 할지 무척 조심스럽습니다.
어떻게 해야 위로가 될까요?

세월호 유가족의 이웃들이 가장 많이 묻는 질문이 이런 거예요. 어릴 때부터 위아래 집에 살면서 철수(가명)를 아기 때부터 봐왔는데 철수가 없는 지금은 철수 엄마를 만났을 때 뭐라고 불러야 하느냐는 거지요. 철수 엄마라고 계속 부르면 상처를 더 덧나게 하는 거 아니냐고요. 사소한 질문 같지만 본질적인 질문이기도 합니다. 결론부터 말하면 자연스럽게 계속 그렇게 불러주는 게 좋습니다. 지금까지 철수 엄마라고 불렀는데 갑자기 동생 영우(가명) 엄마라고 부르면 철수 엄마는 어떤 느낌이 들겠어요?

철수를 떠올리게 하는 것 자체가 철수 엄마에게 고통일까요? 아니에요. 주위에서 철수를 없던 아이 취급하는 것 같은 느낌일 거예요. 그러면 철수 엄마 마음에 철수가 얼마나 가엾겠어요. 엄마가 철수에게 얼마나 미안하겠어요. 더 충분히 철수 얘기를 함께 하거나 들어주고 더 물어봐주고 그러다 함께 웃기도 하고 울기도 하는 시간을 가져주는 것이 철수 엄마에게는 커다란 위로가 됩니다.

유가족 부모들은 자기 아이 이야기하는 걸 가장 좋아해요. 누가 아이에 대해서 물어봐주면 얼굴에 생기가 돕니다. 멀리서 보면 아이가 살아돌아온 줄 알 정도로요. 아이에 대해서 더 생생하게, 더 자세히, 더 충분히 얘기하고 싶어합니다.

세월호 유가족 부모들 중에는 아이들끼리 친했던 엄마 아빠들끼리 자연스럽게 친해지는 경우가 많습니다. 서로 아이들 얘기를 실컷 할 수 있으니까요. 아이 휴대폰에 친구들과 찍은 사진이 많으니까 그걸 보면 내 아이가 누구와 친했는지 알 수 있잖아요. 부모들은 자기 아이에 대한 정보를 가장 많이 알고 공유할 수 있는 사람을 가장 그리워해요. 그래서 자기 아이가 찍은 친구들 사진을 친구의 엄마 아빠들에게 열심히 나눠주지요. 그게 서로에게 가장 큰 선물인 걸 아니까요. 그 사진들을 보며 아이들 얘기 할 때가 부모들이 가장 편안한 순간입니다. 그 순간에 유가족 엄마 아빠들은 서로가 서로에게 치유자예요.

충분히 오랫동안 철수를 떠올리고 누군가와 기억을 공유하는 시간을 거칠 수 있다면 철수 엄마는 종내 철수의 부재를 '아프지만 덜 아프게' 받아들일 수 있어요. 철수에게 조금이라도 덜 미안할 수 있어요. 철수에게 최선을 다했다, 끝까지 철수에게 집중했다는 마음을 조금이라도 더 가질 수 있으니까요.

그러다보면 일상으로 돌아가는 시기가 더 늦어지는 거 아닌가 싶은 생각이 드시나요? 그렇지 않습니다. 사고 이전의 일상으로 돌아가야 한다는 걸 몰라서 못 돌아오는 사람은 하나도 없습니다. 충분히 그리워하고 기억하고 슬퍼할 수 있으면, 슬픔도 그리움도 충분히 느꼈다는 느낌이 들면 사람은 자연스럽게 일상으로 돌아갈 수 있어요. 빨리 잊어야지, 내가 그러면 안 되지, 빨리 털어버려야지,

정신 차려야지, 하다보면 오히려 충분한 애도과정을 거치지 못해서 일상으로 돌아가는 데 더 오래 걸립니다. 그것이 더 바람직하지 않은 거죠.

희생학생 형제 중에 사고 이후에 미친 듯이 공부에만 열중하는 아이가 있어요. 너무 괴로우니까 공부에만 신경 쓰자 한 거예요. 그런데 우리는 어떤 상황에서도 공부에 열중할 수만 있으면 무조건 좋은 징조로 보는 경향이 있습니다. 칭찬도 하고요. '그래도 얘가 마음을 잡았나보다. 얘가 상처를 이겨냈나보다' 그렇게 생각하는 거죠. 아빠들 중에서도 일에 무섭도록 열중하는 분들이 있어요. 그런데 그 열중이 너무 지나치다면 위험한 신호일 수도 있습니다. 트라우마 초기에는 고통이 감당이 안 돼서 그럴 수 있습니다. 그런데 이런 현상이 계속된다면 특별한 관심이 필요합니다.

세월호 참사와 같은 트라우마는 흔히 생각할 수 있는
심리적 문제와는 많이 다를 것 같습니다. 전문가가 아니어도
트라우마에 대해 알아야 할 기본적인 지식은 없을까요?

유가족 부모들이 아이가 떠났다는 걸 빨리 인정해야
만 일상으로 복귀하는 것도 빠르지 않겠느냐는 생각을 많
은 분들이 합니다. 그런 얘기들 때문에 유가족들이 계속
상처를 받고요. 그게 왜 인위적으로 되지 않는지 조금 더
말씀드리고 싶습니다.

어떤 기억이 잊고 싶다고 해서 잊힌다면 얼마나 좋겠
습니까? 기억이란 끊어낸다고 해서 끊어지는 게 아니죠.
사고가 나서 다리나 팔을 절단한 사람이 수술 후 마취에
서 막 깨어나면 절단해서 없어진 부분에 통증을 호소한다
고 했잖아요. 이런 걸 '환상통'이라고 합니다. 물리적으로
는 없어졌어도 심리적으로는 여전히 붙어 있는 거죠. 기

억도 마찬가지입니다. 물리적으로 종료되었다고 마음에서도 딱 끊어지는 게 아닙니다. 그렇다면 그건 사람이 아니라 기계나 컴퓨터죠.

이런 심리학 실험이 있습니다. 사람들을 두 집단으로 나눠서 영화를 보여주는데 한 집단은 영화를 끝까지 다 보여주고 다른 한 집단은 결말 부분을 보여주지 않았어요. 수개월 뒤에 이 두 집단에게 그때 봤던 영화에 대해 다시 물었습니다. 어떤 집단이 더 분명하게 기억할까요? 영화의 결말을 보지 못한 집단이 영화에 대해 더 잘 기억하고 있었습니다. 영화를 끝까지 본 집단은 처음부터 결말까지 다 보았기 때문에 완성에 대한 욕구가 해소되었지만 그렇지 않은 집단은 완성에 대한 욕구가 좌절되었기 때문에 여전히 결말에 대해 알고 싶은 욕구가 남아 있는 거죠. 사람은 욕구가 충족되면 그 욕구로부터 자유로워집니다. 욕구가 충족되지 않으면 거기서 계속 멈춰 있게 되고요.

모든 인간은 완료에 대한 욕구가 있습니다. 세월호 유가족들은 갑자기 자녀와의 관계가 뚝 끊어져버린 거예요.

그러니 완료되지 않고 도중에 중단된 그 관계를 마음 안에서 충분히 완료할 수 있도록 곁에서 심리적으로 도와줘야 해요. 그래야 이 슬픔과 고통으로부터 조금 더 자유로워질 수 있습니다. 그게 우리가 흔히 말하는 애도의 과정이기도 해요.

그런데 우리는 말로는 애도해야 한다고 하면서도 막상 애도하려고 하면 불안해서 막아요. '이젠 그만 울어야지, 이젠 산 사람은 살아야지', 그렇게 말해요. 어떻게 보면 유가족 입장에서는 아이에 대해 이야기하는 것이 힘들고 고통스러울 수도 있지만, 그 이야기만큼 하고 싶은 얘기가 또 없어요. 그런데 누구하고도 아이에 대해 이야기할 수가 없으면 혼자 생각하고 곱씹고 또 곱씹게 되죠. 결국 평생 그 기억 언저리에서 배회하게 되는 거예요. 그래서 가능한 한 그 아이에 대한 이야기를 적극적으로 할 수 있어야 합니다. 유가족들이 아이에 대해 더 얘기하고, 더 많이 느끼게 해서 마음속에서 완료되지 않고 중단된 것들을 다시 정리할 수 있는 기회를 충분히 줘야 해요.

상처입은 사람들을 돕고 싶은 마음은 있지만,
자격증이나 전문적인 지식이 없으면 섣불리 나섰다가
상처를 주는 건 아닌지 두렵습니다.

그건 조리사 자격증도 없는데 섣불리 밥을 차렸다가 남의 입맛을 다 잃게 만드는 건 아닌지 두렵다는 말과 같아요. 특별한 궁중요리를 하자는 게 아니라 허기질 때 집에서 먹을 찌개와 밥을 하자는데 조리사 자격증 같은 건 필요하지 않잖아요. 우리가 숨 쉬기 두렵고 걷기가 겁난다 하며 살지는 않잖아요. 치유의 영역에 속한다고 했던 사람 스트레스는 하루 세끼마다 허기가 찾아오듯 우리가 존재하는 순간부터 만나야 하는 우리의 일상적 삶의 일부분이에요. 특별 이벤트로 궁중요리를 만들어보자는 것이 아니라 허기질 때마다 내 손으로 밥상을 차려 먹을 수 있어야 한다는 거죠.

인간의 고통에 대한 연민, 공감, 배려, 예의는 자격증이 없어도 사람이라면 누구나 갖춰야 하고 갖출 수 있어요. 그것만으로도 트라우마 피해자들은 살 힘을 얻습니다. 그러니 일반적인 상처를 입은 사람들에게는 더 말할 것도 없지요. 물론 전문가의 의학적 치료가 필요한 질환도 있지만 이런 경우는 극소수에 해당합니다. 그보다는 우리가 가진 연민, 공감, 배려, 인간에 대한 예의로 사람을 결정적으로 구하고 도울 수 있는 경우가 훨씬 많아요.

우리는 그런 일상적인 치유의 결여로 인해 치명적인 고통에 시달리는 시대를 살고 있습니다. 그걸 모두 전문가에게 '외주'를 맡긴다면 어떻게 될까요? 불필요한 과잉 의료적 처치가 늘어날 가능성이 높아요. 정신과 의사는 정신질환을 다루는 치료적 태도와 방식에 대한 임상 훈련을 받은 사람들인데 사실 그 훈련 내용의 대부분이 지나치게 약물치료 쪽으로 경도되어 있는 것이 작금의 우리 현실이기도 해요. 그래서 사람에 대한 연민이나 공감, 배려가 더 결정적인 상황에서도 약물을 다량 투입하는 쪽을 선택하는 일이 흔하게 일어나죠. 그런 시대에 우리가 살고 있습니다. 일상적 치유의 영역이 전문적 치료의 영역으로 넘어가서 생기는 문제이기도 합니다.

저는 전공자들을 교육할 때 '전문가처럼 하지 말라'는 말을 수도 없이 반복합니다. 이론과 학문이라는 틀에 사람을 끼워맞춰 보지 말라는 의미지요. 내 앞에 있는 사람의 개별성에 집중할 줄 알아야 진짜 전문가입니다. 자기가 배운 것에 심취해서 사람이 두번째가 되면 반드시 사람에게 상처를 줍니다. 이런 것이 얼치기 전문가일 거예요. 그런데 불행하게도 우리는 이런 사람들을 전문가로 여기는 경향이 있습니다. 잘못된 거죠.

전문가 자격증이 있는 사람의 큰 폐단 중 하나는 두려움이 없다는 거예요. 혹시라도 내가 잘못 보고 있는 건 아닌가, 내가 오히려 상처를 주는 건 아닌가 하는 불안이 상대적으로 적어요. 사실 그런 불안감을 해소하기 위해 자격증을 따는 것일지도 모르죠. 공인된 자격증이 있으니까, 나는 검증이 끝난 사람이니까, 하는 확신을 얻기 위해서요. 하지만 전문가 자격증과 전문가로서의 지나친 자기확신은 치유에 꼭 필요한 '착한 불안'마저 면제받은 것처럼 느끼게 합니다. 치유자라면 작업 중에 항상 놓치지 말아야 하는 건강한 자기성찰과 자기점검을 자격증 때문에 방해받는 거죠. 그런 태도가 치유와 관련한 일을 하는 데는 언제나 걸림돌이 됩니다. 치유를 위험에 빠뜨립니다. 저도 그런 위험에서 예외가 아니라 현장에 가면 늘 점검하고 돌아봅니다.

사람의 마음을 다루고 치유하는 일을 하는 사람은 자기점검과 자기성찰을 숙명이나 업보처럼 짊어져야 한다고 생각합니다. 내 선입견이나 편견, 내 가치관과 세계관, 내 언행이 혹여 상처입은 사람에게 상처를 더 주고 있는 것은 아닌지 늘 두려움을 가져야 합니다. 자기가 가진 자격증의 권위를 끊임없이 의심해야 합니다. 그래야 진짜 전문가가 됩니다. 그런 사람만이 타인에게 섣불리 상처를 주지 않을 수 있으니까요.

Q

선생님처럼 전문가로 자리를 잡고도 상담실을 나서서
현장에서 사람들을 만나기는 사실 쉽지 않은 일일 것 같습니다.
개인적으로 어떤 계기가 있었는지 궁금합니다.

1980년대 전두환 정권 때 진도에서 살던 일가족이 안기부에 잡혀가 고문 끝에 가족 간첩단으로 조작된 사건이 있었습니다. 박정희, 전두환 정권 때 그런 사건이 많았죠. 그뒤 국회 청문회에서 국가폭력이 한 가족을 어떻게 파괴했는지, 한 가족이 수십년간 겪은 심리적 내상이 어느 정도인지 증언하는 일에 참여하게 되어서 그 피해자 중 한분과 상담을 진행했습니다. 2005년이었어요.

저는 그분을 통해서 국가폭력의 전율할 만한 잔인함을 생생하게 접하게 되었습니다. 가공할 국가폭력이 국가 구성원인 한 개인의 삶을 회복이 불가능할 정도로 얼마나 바닥까지 흔들어놓는지를 알게 되었습니다. 그후로 국가폭력 피해자, 고문피해자와 그 가족들, 광주 5·18 고문생존자들을 상담하는 일을 하게 되었고 그러면서 자연스럽게 우리나라에서는 그 방면에 대한 경험이 거의 유일한 정신과 의사가 되어버렸어요. 이 일에 점점 더 깊숙이 발을 담그면서 국가폭력 피해자들에 대한 개인적인 몰입과 공감이 특별해졌습니다. 그러니 그뒤로 더 많은 분들을 만나게 된 건 당연한 일이었어요. 쌍용차 해고노동자나 세월호 참사 피해자들을 만나게 된 것도요.

그런데 저는 사회적 트라우마의 피해자들을 만나기 시작하면서 인간의 개별성이 지닌 무게를 더 깊이 실감하게 되는 것 같습니다. 많은 분들이 저를 우리 사회 현안이나 정치적 상황에 관심이 많은 의사로 보는 것 같은데 아닙니다. 오히려 반대죠. 사회정치적 이슈 자체에 대한 관심보다 그 맥락 속에 던져진 한 인간의 존재 자체에 대한 복잡하고 뜨거운 마음 때문에 이런 일을 하고 있다 생각합니다. 그간의 경험으로 지금은 한 개인을 구하는 일이 가장 공익적인 일이라고 믿고 있어요.

전공서적을 모두 정리하고 시집과 소설 같은
문학책만 남겼다고 하셨습니다. 사람의 마음을 공부하는 데
시집과 소설 같은 문학책이 도움이 되나요?

그럼요. 심리학 공부를 하다보면 여러 심리학자들의
이론, 그들이 주창한 개념과 틀을 중심으로 사람을 분석
하고 해석하게 됩니다. 공부를 많이 하면 할수록 그 이론
과 개념이 전부인 것처럼 절대화하게 되기도 하고요. 그
렇게 사고하고 그렇게 말하는 사람을 우리는 훌륭한 전문
가로 인정합니다. 그런데 사람의 마음은 그렇게 간단하지
않아요. 아무리 탁월하고 근본적인 이론이라 해도 어느
한 학자의 개념과 틀만으로는 인간의 모든 것을 설명할
수 없습니다. 틀에서 벗어나는 인간의 개별성과 다양성이
얼마나 많고 깊은데요. 사람을 깊이 접하는 시간이 많아
질수록 그런 사례를 더 많이 접하게 됩니다.

사람의 마음이란 것은 보이지도 않고 만져지지도 않으니 이해하고 접근하기가 막연하고 모호합니다. 어둠 속을 걸을 때 손에 쥘 수 있는 지팡이가 있으면 그에 의지해서 주위를 천천히 더듬으면서 감을 잡고 최소한의 자기보호를 할 수 있죠. 그러나 시간이 흘러 어둠 속에서 내 시력으로도 주위를 조금씩 볼 수 있게 되면 지팡이 끝으로만 세상을 인지할 필요가 없잖아요. 내 눈을 통해서 내 주변이 어떠한지 통합적으로 인지할 수 있습니다. '지팡이 끝'으로 더듬어 세상을 '부분적으로 파악하는' 도구가 심리학 지식이라면, '내 시력'으로 세상을 '통합적으로 인지하는' 강력한 도구가 문학일 수 있다고 생각해요. 부분적이기보다 통합적이고, 분석적이기보다 감성적이고 입체적입니다. 인간을 유형으로 말하지 않고 한 인간의 개별성에 끝까지 집중합니다. 그런 면에서 문학은 인간에 대한 치유적 접근에 적합한 도구입니다.

심리학 공부는 지팡이 역할로 활용하는 것이 적절한 것 같아요. 저는 그렇게 생각합니다.

Q

심리상담이나 심리치유만이 아니라 사회 전반적으로
이른바 전문가주의가 문제가 되는 일이 많습니다. 전문가주의를
견제하기 위한 사회적인 차원의 노력이나 장치가 필요하지 않을까요?

한 분야를 좁고 깊게 아는 사람을 제대로 아는 사람, 진짜 전문가라고 보는 시각, 이런 이상화가 심해지면 우리 삶, 우리 일상이 대우받지 못합니다. 우리 일상은 비전문적 분야, 덜 중요한 분야가 되어버리니까요. 그런데 실제로 그런가요? 우리가 일상을 살아가는 데 미적분을 푸는 재능은 필요하지 않지만 배려하고 사랑하고 돕고 서로 협력하는 일은 절대적으로 필요하죠.

내 삶이 힘들 때 상담가를 쉽게 찾아갈 수 있어야 한다는 말도 맞지만 세부적 분야의 고도의 전문가를 우러르기 전에 정상적인 허기처럼 찾아오는 내 삶의 문제들을 병이나 질환으로 인식하고 전문가에게 맡겨버리려 하고

있지는 않는지, 내가 내 일상의 주도권에 대한 인식을 가지고 있는지 스스로에게 물어야 합니다. 그래야 전문가는 세부적인 자기 분야의 전문가 역할을 제대로 하게 되고 나도 내 삶의 주도권을 가지고 살아갈 수 있습니다.

삼십여년 전에 의학에 작은 혁명이 있었습니다. 가정 의학과라는 전공분야가 새롭게 탄생한 겁니다. 서양의학 제도는 사람의 몸을 치료하는 분야를 내과, 외과, 산부인과, 피부과, 비뇨기과, 정신과 등 수십개의 분야로 세분화한 전문의 제도를 중심으로 이루어져 있습니다. 몸을 여러 부분으로 나누어 각 부분마다 전문가를 따로 두는 거죠. 각 과는 다시 세분화된 여러 분야의 전문가로 나뉩니다. 내과 전문의는 다시 소화기 내과 전문의, 호흡기 내과 전문의, 심장 내과 전문의, 내분비 내과 전문의, 감염 내과 전문의 등 세부 전문의로 나뉘고, 다른 과들도 마찬가집니다.

처음에는 한 사람을 더 잘 치료하기 위해 이런 분야들이 각기 발전해갔는데 어느 시점에 이르러서는 오히려 그

제도가 아픈 사람을 더 고통스럽게 하기 시작했어요. 사람이 아플 때는 한군데가 아니라 보통 몇군데가 함께 아프잖아요. 모든 조직과 장기는 연결되어 있으니까 당연하지요. 사람이 아플 때 기존 전문의 제도와 전공분야에 맞춰서 아플 수는 없잖아요. 그런데 전공과목이 너무 세분화되어 있다보니 아픈 사람이 스스로 자기 증상이 어느 전문과목에 해당하는지를 판단해서 이 분야 저 분야의 전문의들을 각각 찾아다니며 치료를 받아야 하는 어이없는 상황이 벌어지게 되었습니다. 그 과정에서 심각한 문제들도 발생하고요.

이런 문제의식에서 나온 해결책이 가정의학과예요. 세부 전문의 진료까지 필요 없는 1차 진료만으로도 충분히 해결 가능한 질병 때문에 병원을 찾는 사람이 대학병원 내원 환자의 80퍼센트 이상이거든요. 그런데 의사의 90퍼센트 이상이 전문의 제도 속에서 세부 전문의 자격을 따기 위해 훈련을 받은 의사입니다. 전문가를 불필요하게 많이 길러내서 오히려 환자가 불이익을 받는 일이 벌어진 거죠. 그래서 가정의학 전문의는 병원을 찾는 대다수 사람들의 문제를 통합적으로 치료할 수 있도록 훈련받습니다. 진료과목 체계가 공급자(의사) 중심에서 수요자(환자) 중심으로 바뀐 사례죠.

가정의학과 제도가 한국에 처음 도입될 당시에는 기존 전문의들의 반발이 심했어요. 기존 전문의들은 가정의학 전문의는 전문의가 아니라 아마추어 의사라고 무시하기도 했습니다. 그런 시각이 과도한 전문가주의라고 저는 생각해요.

지금은 가정의학과 의사들이 전통적인 병원 외에도 사회 곳곳에서 많은 역할을 합니다. 다른 과 의사들보다 특별히 더 그래요. 그들은 태생적으로 공급자 중심의 의료가 아닌 환자 중심의 의료에 동의하고 참여한 의사 집단이니까요. 지역사회 속으로 들어가 주민들과 함께 의료생협을 만들거나 소외된 동네나 오지에 가서 일하는 사람들 중에는 가정의학과 의사들이 많습니다. 트라우마 현장에 와서 자원봉사로 진료를 해주는 의사들도 대부분이 가정의학과 의사들입니다. 현장에서 가장 탁월한 역할을 하는 의사들이죠.

고도의 세부 전문가들은 해당 분야의 특별한 질병 외에는 모르는 경우가 있고 특수한 의료 장비나 시설 등이 완벽하게 갖춰져 있어야 제 기능을 할 수 있는 경우가 많습니다. 특수한 질병에는 분명 그런 의사가 꼭 필요합니다. 그러나 대다수 사람들에게 정말로 필요한 의사는 가정의학과 의사 같은 의사예요.

정신의학, 심리학 분야도 정신과 의사나 상담가 중심, 학문과 학파 중심의 전문가가 아니라 상처입은 사람 중심의 전문가가 필요합니다. 그런데 그런 전문가는 우리 모두가 될 수 있습니다. 저는 그걸 치료가 아닌 치유의 영역이라 명명했습니다. 치유의 영역에서는 모든 사람이 치유자가 될 수 있다고 저는 믿고 있습니다. 죽기 전날 무엇이 가장 먹고 싶으냐고 물었을 때 특급호텔의 요리를 꼽는 사람은 없습니다. 엄마가 해주었던 김치찌개나 어릴 때 외할머니가 차려준 밥상 같은 것을 떠올리겠지요. 전문가적 치료가 칠성급 호텔의 요리라면 엄마나 외할머니의 밥상이 치유입니다. 우리가 모두 요리사 자격증을 가질 수도 없고 그럴 필요도 없습니다. 요리를 못 먹어도 사는 데 아무 지장이 없지만 집밥을 오래 못 먹으면 심리적으로 황폐해집니다.

전문가를 이상화하지 않았으면 좋겠어요. 우리 삶에 그닥 관계없는 분야일지도 모릅니다. 우리 자신과 우리 일상에 더 집중했으면 좋겠어요. 그래야 우리 삶이 전문가의 도움 없이도 빛날 수 있습니다. 모든 인간은 개별적 존재다, 그걸 아는 게 사람 공부의 끝이고 그게 치유의 출발점입니다. 그게 사람 공부에 대한 제 결론입니다.

공부의 시대
정혜신의 사람 공부

초판 1쇄 발행 / 2016년 7월 15일
초판 10쇄 발행 / 2022년 7월 25일

지은이 / 정혜신
펴낸이 / 강일우
책임편집 / 최지수 이상술
조판 / 박지현
펴낸곳 / (주)창비
등록 / 1986년 8월 5일 제85호
주소 / 10881 경기도 파주시 회동길 184
전화 / 031-955-3333
팩시밀리 / 영업 031-955-3399 편집 031-955-3400
홈페이지 / www.changbi.com
전자우편 / nonfic@changbi.com

ⓒ 정혜신 2016
ISBN 978-89-364-7298-6 04300
      978-89-364-7964-0 (세트)

* 이 책 내용의 전부 또는 일부를 재사용하려면 반드시
  저작권자와 창비 양측의 동의를 받아야 합니다.
* 책값은 뒤표지에 표시되어 있습니다.